EDMUND DUCKWITZ

Rechtsfolgen bei Verletzung völkerrechtlicher Verträge

Schriften zum Völkerrecht

Band 44

Rechtsfolgen bei Verletzung völkerrechtlicher Verträge

Von

Dr. Edmund Duckwitz

DUNCKER & HUMBLOT / BERLIN

Gedruckt 1975 bei Buchdruckerei A. Sayffaerth - E. L. Krohn, Berlin 61
Printed in Germany

ISBN 3 428 03402 3

Meinen Eltern

Inhaltsverzeichnis

Abkürzungsverzeichnis

BGB	=	Bürgerliches Gesetzbuch
CIJ	=	Cour Internationale de Justice
ICJ	=	International Court of Justice
IGH	=	Internationaler Gerichtshof
PCIJ	=	Permanent Court of International Justice
s. o.	=	siehe oben
StIG	=	Ständiger Internationaler Gerichtshof
WRV	=	Weimarer Reichsverfassung
WVK	=	Wiener Vertragskonvention
ZaöRV	=	Zeitschrift für ausländisches öffentliches Recht und Völkerrecht

§ 1 Zur Fragestellung

Mit dem Abschluß eines völkerrechtlichen Vertrages verfolgen die jeweiligen Partner, ebenso wie Privatpersonen im innerstaatlichen Bereich, den Zweck, gewisse gegenseitige Bindungen zu erzeugen, in deren Rahmen gemeinsame Ziele verfolgt oder ein bestimmtes Verhalten veranlaßt werden sollen. Nach Whitton waren allein im Jahre 1934 25 000 Verträge in Kraft[1], heute dürfte die Zahl ein Vielfaches betragen, da die internationalen Beziehungen immer enger werden. Wie auch zwischen Privatpersonen, so werden diese Verträge zwischen Staaten in gewissen Fällen, insbesondere wenn sie einem Partner unbequem werden, gebrochen. Nach Voltaire ist der Bruch des Vertrages sogar die Regel: „La violation des traités est la méthode habituelle de les respecter[2].“

Fraglich ist nun, welche Möglichkeiten dem betroffenen Staat zur Verfügung stehen, um seine durch die Vertragsverletzung geschädigten Interessen zu schützen. Im innerstaatlichen Bereich gewährt die Rechtsordnung dem Verletzten ausreichenden Schutz durch die Zuweisung von Schadensersatzansprüchen und durch die Möglichkeit, diese Rechte im Klagewege mit Hilfe der Staatsgewalt durchzusetzen und gegebenenfalls auch mit Hilfe des Staates die Vollstreckung zu betreiben. Bei der Verletzung von völkerrechtlichen Verträgen dagegen ist von vornherein keine absolute Klarheit über die Rechtsfolgen zu gewinnen. Die Rechtsordnung des Völkerrechts ist in diesem Bereich noch nicht deutlich ausformuliert, so daß in einzelnen Fragen noch vieles umstritten ist. Die Existenz von ungeklärten Gebieten darf aber nicht dazu führen, das Normensystem des Völkerrechts als Rechtsordnung anzuzweifeln, denn in jeder Rechtsordnung gibt es umstrittene Fragen, und auch nicht jede rechtliche Bestimmung läßt sich durch Zwang durchsetzen[3].

Auch aus der Wiener Konvention über das Recht der Verträge lassen sich keine tiefgehenden Schlüsse ziehen, was noch weiter unten gezeigt werden soll.

In der vorliegenden Arbeit soll nun versucht werden, insbesondere folgende Fragen, die sich bei der Verletzung von völkerrechtlichen Ver-

[1] *Whitton*, La Règle „pacta sunt servanda“, S. 231.
[2] *Whitton*, La Règle „pacta sunt servanda“, S. 221.
[3] *Kelsen*, Unrecht und Unrechtsfolge im Völkerrecht, S. 483.

trägen ergeben, zu prüfen. Zuerst muß untersucht werden, ob überhaupt an eine Vertragsverletzung irgendwelche Rechtsfolgen geknüpft werden sollen, oder ob nicht vielmehr die Einhaltung von Verträgen nur eine Höflichkeit der Staaten im Verhältnis zueinander darstellt. Wird diese Frage im ersten Sinne beantwortet, so schließt sich daran die Prüfung der verschiedenen möglichen Rechtsfolgen einer Vertragsverletzung an. Zum Abschluß soll dann noch untersucht werden, wie sich etwaige Rechtsfolgen durchsetzen lassen, und ob es Möglichkeiten der Sicherung der Vertragseinhaltung gibt.

I. Die Wiener Vertragskonvention und ihr Regelungsbereich

§ 2 Die Wiener Vertragskonvention

1. Allgemeines

Als Grundlage für das Recht der internationalen Verträge ist heute die Wiener Konvention über das Recht der Verträge von 1969 anzusehen. Nach langer Vorbereitung in der International Law Commission waren in den Jahren 1968 und 1969 Delegationen aus den meisten Staaten der Erde (1968 103, 1969 110) in Wien zusammengekommen, und sie beschlossen am 23. Mai 1969 die Konvention in der vorliegenden Form.

In der Konvention ist vorgesehen, daß sie mit Hinterlegung der 35. Ratifikationsurkunde in Kraft treten soll (Art. 84, I WVK). Bis heute ist diese Zahl aber nicht erreicht worden, was dazu führen könnte, der Konvention Auswirkungen auf das gegenwärtige Vertragsrecht abzusprechen, womit man bei der Frage nach den Rechtsfolgen bei Verletzung völkerrechtlicher Verträge doch weiterhin allein auf das hergebrachte Völkerrecht angewiesen wäre. Da aber bei den Vertragsverhandlungen fast alle Staaten der Erde beteiligt waren und die Abstimmungen zu den einzelnen Artikeln immer zu eindeutigen Mehrheiten führten, kann man davon ausgehen, daß in dieser Konvention die Rechtsauffassung der Mehrheit der Staaten zum Ausdruck kommt, sie also als eine Bestätigung des Völkergewohnheitsrechts anzusehen ist und jede Vorschrift Völkergewohnheitsrecht bedeutet[1]. Zu diesem Ergebnis kommt auch der IGH in seinem Gutachten vom 21. 6. 1971, das allerdings nur die Vorschrift über das Rücktrittsrecht nach Vertragsverletzung betrifft[2, 3].

---

[1] *Ago*, Droit des Traités à la Lumière de la Convention de Vienne, Recueil des Cours Bd. 134, S. 328/329.

[2] CIJ Recueil 1971, S. 47: „Les règles de la Convention de Vienne sur le droit des traités concernant la cessation d'un traité violé (qui ont été adoptés sans opposition), peuvent, à bien des égards, être considérées comme une codification du droit coutumier existant dans ce domaine."

[3] Siehe hierzu auch die Urteile im Island-Fall, in denen Art. 52 WVK als Gewohnheitsrecht angesehen wird.

Soweit also Fragen zu behandeln sind, die eine Regelung in der Wiener Vertragskonvention gefunden haben, kann grundsätzlich davon ausgegangen werden, daß die in der Konvention gefundene Lösung eine Wiedergabe des herrschenden Völkergewohnheitsrechts bedeutet. Es trifft also zu, daß die Konvention auch schon heute die Basis des Völkervertragsrechts bildet.

2. Regelungsbereich der Konvention

In der Wiener Vertragskonvention werden Fragen der Vertragseingehung, das heißt der Verhandlung und des Abschlusses, und Fragen der Vertragsdurchführung behandelt. In den Kapiteln über Einhaltung von Verträgen (Observance, Part III, Section 1) und über Beendigung und Suspendierung von Verträgen (Termination, and Suspension of the Operation of Treaties, Part V, Section 3) ist aber über die Rechtsfolgen bei Verletzung von Verträgen nur sehr wenig zu finden. Lediglich das Rücktrittsrecht bei Verletzung des Vertrages durch den Vertragspartner findet eine Regelung in Art. 60 der Konvention. Weitere Rechtsfolgen wie insbesondere ein Anspruch auf Naturalrestitution oder Schadensersatz sind nicht erwähnt. Auch im Entwurf der International Law Commission zum Law of Treaties ist nichts gesagt über die Folgen eines Vertragsbruches[4]. Ebenso ist dieses Thema auch nicht bei der ersten (26. 3. - 24. 5. 1968) und der zweiten Vertragskonferenz in Wien (9.4. - 22. 5. 1969)[5] behandelt worden.

Das Rücktrittsrecht allein ist als Rechtsfolge aber nicht ausreichend, denn in vielen Fällen ist dem durch die Vertragsverletzung betroffenen Staat gar nicht an einem Rücktritt, sondern vielmehr an der Wiederherstellung des vertragsgemäßen Zustandes gelegen, oder er will zumindest Schadensersatz oder Reparation in sonstiger Weise. Da die Wiener Konvention über diese Fragen keine Regelung enthält, gilt es anhand von Gerichtsentscheidungen und der Praxis der einzelnen Staaten festzustellen, welche völkerrechtlichen Gewohnheitsrechtssätze und allgemeinen Rechtsgrundsätze bezüglich der Rechtsfolgen bei Vertragsverletzung bestehen.

Auf keinen Fall sind die Regelungen der Wiener Vertragskonvention über die Rechtsfolgen der Vertragsverletzung abschließend gemeint, vielmehr besteht hier aus den genannten Gründen eine Regelungslücke. Dies wohl insbesondere auch, weil die Frage des Schadensersatzes zum Beispiel eher in den Bereich des gewohnheitsrechtlichen Schadensersatzrechts gehört.

---

[4] Yearbook of the International Law Commission 1965/66.

[5] Official Records of the United Nations Conference on the Law of Treaties.

Die Tatsache, daß eine derartige Regelung in der Vertragskonvention fehlt und daß dieser Problemkreis auch nicht in den Verhandlungen der International Law Commission und der Konferenz selbst zur Sprache gekommen ist, läßt sich am ehesten damit erklären, daß es sich hierbei um ein recht strittiges und insbesondere in seinen Auswirkungen sehr weit in die Souveränität der Staaten eingreifendes Gebiet handelt, das einen relativ starken Eingriff in die Sphäre der Einzelstaaten zulassen und die Staaten sehr weitgehenden Verpflichtungen unterwerfen würde. Erfahrungsgemäß scheuen sich die Staaten, so schwerwiegende Fragen in Vertragsform festzulegen. Außerdem bestehen gerade in dieser Frage auch viele Meinungsverschiedenheiten, die auf einer relativ kurzen Konferenz nicht hätten beigelegt werden können. So kommt es, daß für eine der wichtigsten Fragen des Vertragsrechts weiterhin die allgemeinen völkerrechtlichen Rechtsregeln Gültigkeit haben, die nun in dieser Arbeit untersucht werden sollen.

II. Soll die Vertragsverletzung Rechtsfolgen nach sich ziehen?

Im Völkerrecht gibt es viele Darstellungen über das allgemeine Deliktsrecht, wobei auch die verschiedenen möglichen Rechtsfolgen behandelt werden. Die Verbindung zum Vertragsrecht wird aber nur dadurch hergestellt, daß gesagt wird, die Vertragsverletzung sei ebenfalls ein Delikt, weshalb hier dieselben Rechtsfolgen zu gelten hätten[1]. Diese Aussage scheint aber nicht mit so absoluter Sicherheit gemacht werden zu können, da erst einmal geprüft werden muß, ob die Vertragsverletzung tatsächlich dem Delikt ohne weiteres gleichgesetzt werden kann, oder ob nicht vielmehr der Vertragsbruch lediglich die Verletzung einer „Courtoisie" bedeutet. Weiterhin scheint es bei dem unterschiedlichen Charakter von Vertragsverletzung und dem typischen Delikt fraglich, ob tatsächlich die Rechtsfolgen beim Delikt unbesehen für die Vertragsverletzung übernommen werden können.

Da bei der Behandlung der Vertragsverletzung immer wieder Rückgriffe auf das Deliktsrecht genommen und Vergleiche mit diesem gezogen werden müssen, soll vor einer Behandlung des Vertragsrechts das Notwendigste über das allgemeine Deliktsrecht und seiner Folgen im Völkerrecht aufgezeigt werden, wobei mit einer Beschreibung der historischen Entwicklung begonnen werden soll.

§ 3 Historische Entwicklung der Rechtsfolgen im Völkerrecht

In der geschichtlichen Entwicklung kann der Gedanke der Staatenverantwortlichkeit zurückgeführt werden bis zu den Ursprüngen von Rechten und Pflichten, die immer von den Menschen als grundlegend in den gegenseitigen Beziehungen angesehen worden sind. Zu diesen Grundsätzen gehört insbesondere auch die Verpflichtung zur Wiedergutmachung für eine zugefügte Verletzung. Dies begründet den Ge-

[1] *Lais*, Rechtsfolgen völkerrechtlicher Delikte, S. 94; *v. Münch*, Das Völkerrecht in der modernen Entwicklung der Völkerrechtsgemeinschaft, S. 86.

danken der Verantwortlichkeit sowohl zwischen Einzelmenschen als auch zwischen Staaten[2]. Im klassischen Griechenland übte bereits der verletzte Staat Repressalien gegenüber dem Verletzer aus[3], dasselbe galt auch noch zwischen dem 16. und dem 18. Jahrhundert[4], so daß man davon ausgehen kann, daß die klassische Rechtsfolge bei einem Delikt die Repressalie war.

In dieser Zeit wurde aber auch schon die Pflicht zur Wiedergutmachung in Verträgen und Schiedsurteilen festgelegt, so zum Beispiel im „Intercursus Magnus" zwischen Heinrich VII. von England und Philippe-le-Beau von Frankreich im Jahre 1496[5]. Hierin war im Falle von Delikten eine Schadensersatzleistung vorgesehen. Dabei war im mittelalterlichen Staat, der als Kollektivkörper angesehen wurde, jeder für ein Unrecht, das von einem anderen Mitglied begangen worden war, mitverantwortlich[6].

Bis zur Zeit von Grotius blieb die Bedeutung der Verantwortlichkeit aber ohne angemessenen Ausdruck. Die ersten Grundsätze der Staatenhaftung wurden von ihm (Grotius) im 17. Jahrhundert aufgestellt, wobei er sich teils auf römisches Recht, teils auf Naturrecht stützte. So sagte er, daß jedes Tun oder Unterlassen, das der menschlichen Pflicht widerspreche, ein Vergehen sei, das aufgrund von Naturrecht die Verpflichtung zur Wiedergutmachung des verursachten Schadens begründe. „Ex tali culpa obligatio naturaliter oritur, si damnum datum est, nempe ut id resarciatur[7]." Grotius ging auch bereits auf die Frage des Verschuldens ein und legte weitgehende Grundsätze der Staatenverantwortlichkeit nieder; und zwar bestand nach ihm Verantwortlichkeit für eigene Handlungen und für Handlungen seiner Glieder, wenn eigenes Verschulden vorhanden war[8]. Grotius' Lehre war bis zum Ende des 19. Jahrhunderts herrschend, und an sie schlossen sich Triepel, Anzilotti, Schoen und Strupp an[9]. Mit ihnen wächst die Staatenverantwortlichkeit über die Bedeutung eines allgemeinen Grundsatzes hinaus und bildet sich zu festen Regeln weiter[10], so daß rechtliche Gesichtspunkte bei der Geltendmachung von Wiedergutmachungsansprüchen entscheidender werden, während in der Vergangenheit die Machtpolitik die maßgebende Rolle gespielt hatte[11].

---

[2] *Eagleton*, The Responsibility of States in International Law, S. 16.
[3] *Eagleton*, Responsibility of States, S. 17.
[4] *Reuter*, La Responsabilité Internationale, S. 14.
[5] *Eagleton*, Responsibility of States, S. 17.
[6] *Eagleton*, Responsibility of States, S. 17.
[7] *Grotius*, de Jure Belli et Pacis, Buch II, Kap. XVII, I.
[8] *Eagleton*, Responsibility of States, S. 18.
[9] *Lais*, Rechtsfolgen völkerrechtlicher Delikte, S. 23/24.
[10] *Lais*, Rechtsfolgen völkerrechtlicher Delikte, S. 22.
[11] *Lais*, Rechtsfolgen völkerrechtlicher Delikte, S. 16.

Der erste Kodifikationsversuch über Staatenhaftung ist vom Völkerbund Ende der 20iger Jahre in Angriff genommen worden und gescheitert[12]. Ebenso erging es allen späteren Versuchen, das Deliktsrecht zu kodifizieren[13], so daß in diesem Rechtsbereich keine völlige Klarheit besteht, was immer wieder zu Unsicherheiten führt. Bemerkenswert ist dabei auch, daß sich alle diese Kodifikationsversuche nur auf Teilbereiche des Schadensersatzrechts, nämlich das Problem der Verletzung des völkerrechtlichen Fremdenrechts, beschränkten. Im Deliktsrecht ist man also auf eventuell in einzelnen Verträgen enthaltene Klauseln, auf die Grundsätze des Gewohnheitsrechts, soweit sie sich im zwischenstaatlichen Verkehr herausgebildet haben, und auf die allgemeinen Rechtsgrundsätze angewiesen.

§ 4 Das völkerrechtliche Delikt und seine Folgen

Die Frage danach, was eigentlich ein völkerrechtliches Delikt ist, wird von der Akademie der Wissenschaften der UdSSR mit folgender Definition beantwortet: „Von Delikten spricht man, wenn Staaten, ihre Amtspersonen oder auch einzelne Staatsbürger, ohne durch ihren Staat daran gehindert zu werden, Handlungen begehen, die das Völkerrecht oder die aus diesem Recht und den internationalen Verträgen hervorgehenden Rechte und Interessen anderer Staaten und ihrer Bürger verletzen. Das völkerrechtliche Delikt umfaßt infolgedessen sowohl widerrechtliche Handlungen des Staates in der Person seiner Organe als auch widerrechtliche Unterlassungen, das heißt Unterlassungen von staatlichen Maßnahmen, um ein rechtswidriges Verhalten seiner Bürger oder eine Begünstigung rechtswidriger Handlungen zu unterbinden[14]." Nach v. Münch entspricht diese Definition der Auffassung der gesamten Lehre[15]. Die Deliktsbegehung ist möglich durch völkerrechtswidrige Akte seitens der Verwaltung[16], Rechtsprechung[17] und der Legislative[18] und durch deren Organe. Das schädigende Verhalten kann aus einem Tun oder Unterlassen bestehen, und es muß Ausfluß der Hoheitsmacht

---

[12] *Lais,* Rechtsfolgen völkerrechtlicher Delikte, S. 15.

[13] *v. Münch,* Das völkerrechtliche Delikt in der modernen Entwicklung der Völkerrechtsgemeinschaft, S. 50.

[14] Akademie der Wissenschaften der UdSSR, Völkerrecht, S. 127.

[15] *v. Münch,* Das völkerrechtliche Delikt in der modernen Entwicklung der Völkerrechtsgemeinschaft, S. 15.

[16] *Kelsen,* Unrecht und Unrechtsfolge im Völkerrecht, S. 513.

[17] *Thomas,* Costa-Rica-Packet-Fall, Strupp-Schlochauer Wörterbuch, Bd. I, S. 301.

[18] *de Visscher,* La Responsabilité des Etats, S. 95/96; *Kelsen,* Unrecht und Unrechtsfolge, S. 511.

des Staates sein[19]. Nur ein Verstoß gegen völkerrechtliche Verpflichtungen bedeutet ein Delikt. Gesichtspunkte des innerstaatlichen Rechts sind irrelevant[20].

Die Konsequenz, die sich für den das Delikt begehenden Staat daraus ergibt, ist nach weitaus herrschender Meinung die völkerrechtliche Verantwortlichkeit dieses Staates, die eine Haftung für die zugefügte Schädigung begründet[21]. Dabei entsteht eine Haftung nur dann, wenn tatsächlich eine Schädigung eingetreten ist, ein lediglich zu erwartender Schaden reicht nicht aus. Schäden sind alle Beeinträchtigungen, die der andere Staat an seinen oder seiner Staatsangehörigen Rechtsgüter erleidet, soweit sie völkerrechtlich geschützt sind, gleichviel, um welche einzelnen Rechtsgüter es sich handelt[22].

Dieser Grundsatz der Staatenhaftung scheint auch in der Staatenpraxis niemals ernsthaft in Frage gestellt worden zu sein[23]. Die von der historischen Rechtsschule vertretene Ansicht, daß sich die Idee gegenseitiger Verantwortlichkeit der Staaten im Widerspruch zum Begriff der Souveränität befinde, da keine Instanz über dem Staat bestehe, die ihn zur Haftung veranlassen könnte, daß also der Staat der einzige Richter seiner Verantwortlichkeit sei, und daß die Pflicht des Staates, eine von ihm begangene Rechtsverletzung zu korrigieren, ausschließlich von seinem Willen abhänge[24], wird heute allgemein als nicht zutreffend abgelehnt[25].

Die Staatenhaftung ergibt sich aus der gegenseitigen Anerkennung der Staaten, die Rechte und Pflichten im Gegenseitigkeitsverhältnis erzeugt. Die Verantwortlichkeit wird begründet mit der aus der Gleichheit resultierenden Handlungsfreiheit, die als Gegengewicht Restriktionen, und in deren Rahmen eben diese Verantwortlichkeit erzeugt[26].

Auch in vielen Urteilen internationaler Gerichte ist die Verantwortlichkeit der Staaten für von ihnen begangene Delikte anerkannt wor-

---

[19] *Schüle*, Delikt, völkerrechtliches, Strupp-Schlochauer Wörterbuch, Bd. I, S. 326.

[20] *Schüle*, Delikt, S. 328.

[21] *Kelsen*, Unrecht und Unrechtsfolge im Völkerrecht, S. 489; *Spiropoulos*, Haftung der Staaten für indirekten Schaden, S. 89; *Eagleton*, Responsibility of States, S. 21; *Garcia Amador*, State Responsibility, Recueil des Cours, Bd. 94, S. 376; *Levin*, Verantwortlichkeit der Staaten im gegenwärtgen Völkerrecht, S. 14; *Reuter*, La Responsabilité Internationale, S. 6.

[22] *Schüle*, Delikt, völkerrechtliches, Strupp-Schlochauer Wörterbuch, Bd. I, S. 336.

[23] *Eagleton*, Responsibility of States, S. 21; siehe auch tschechoslowakischer Resolutionsentwurf; Dokumente der UN-Vollversammlung (XVII Tagung), A/C. 6/L. 505.

[24] *Fauchille*, Traité de droit international public, Bd. 1, I. Teil, S. 514.

[25] *Kelsen*, Unrecht und Unrechtsfolge im Völkerrecht, S. 527.

[26] *de Visscher*, La Responsabilité des Etats, S. 90.

den, so im Urteil des Ständigen Internationalen Gerichtshofs im Chorzow-Fall[27].

Bei der Frage, wie die Verantwortlichkeit beziehungsweise die Haftung des Staates aussehen soll, das heißt bei der Frage nach den Rechtsfolgen des Delikts, kommt man zu dem Ergebnis, daß die allein angemessene Rechtsfolge nur die Wiedergutmachung sein kann. Zu diesem Schluß kommt auch Garcia Amador, der sagt, „wherever responsibility lies, there also lies a duty to make reparation; that is the only consequence which may be derived from the failure to comply with an international obligation“[28]. Diese Auffassung wird von der herrschenden Meinung in der Literatur geteilt[29]. Der StIG hat im Chorzow-Urteil diese Wiedergutmachungspflicht als Grundsatz des internationalen Rechts anerkannt[30], und diese Auffassung wurde vom IGH im Korfu-Kanal-Fall bestätigt[31].

Bei der Frage nach der Rechtsnatur dieser Wiedergutmachungspflicht kommt Kelsen zu dem Ergebnis, sie sei kein Grundsatz des allgemeinen Völkergewohnheitsrechts, sondern höchstens partikuläres Vertragsrecht, was seiner Meinung nach die Praxis beweise[32]. Der Inhalt der Wiedergutmachung ergebe sich nur aus Vertrag, wenn dies aber der Fall sei, seien auch die Pflicht zur und der entsprechende Anspruch auf Wiedergutmachung nur aus dem Vertrag herzuleiten.

Die herrschende Meinung hat sich Kelsen nicht angeschlossen, und das mit Recht, denn aus der Tatsache, daß die Abwicklung der Wiedergutmachung allgemein über einen Vertrag geschehen muß, was aus der Tatsache zu erklären ist, daß es im Völkerrecht keine übergeordnete Zwangsgewalt gibt, läßt sich noch nicht der Schluß ziehen, daß sich auch der Grundsatz nur aus vertraglichen Verpflichtungen ergeben kann. Vielmehr wird man sagen können, zwar herrsche in der Staatenpraxis die Rechtsüberzeugung vor, daß ein Delikt eine Wiedergutmachungsverpflichtung nach sich zieht, diese aber mangels der Zwangsgewalt nur auf vertraglichem Wege erfüllt werden kann.

---

[27] StIG HE Bd. 3, S. 145; Bd. 4, S. 7, Bd. 5, S. 23.

[28] *Garcia Amador*, State Responsibility, S. 394.

[29] *Anzilotti*, La Teoria Generale della Responsabilita dello Stato nel Diritto Internazionale, S. 416; *Schüle*, Wiedergutmachung, Strupp-Schlochauer, Wörterbuch, Bd. III, S. 843; *Salvioli*, La Responsabilité des Etats, S. 248; *Kelsen*, Unrecht und Unrechtsfolge im Völkerrecht, S. 545; *Ago*, le Délit International, S. 426; *Lais*, Rechtsfolgen völkerrechtlicher Delikte, S. 16.

[30] PCIJ, Series A, No. 9, S. 21; PCIJ, Series A, No. 17, S. 47: "The essential principle contained in the actual notion of an illegal act is that reparation must, as far as possible, wipe out all the consequences of the illegal act..."

[31] ICJ, Reports 1949, S. 23.

[32] *Kelsen*, Unrecht und Unrechtsfolge im Völkerrecht, S. 551.

Der Rechtscharakter der Wiedergutmachungspflicht kann Völkergewohnheitsrecht oder ein allgemeiner Rechtsgrundsatz sein[33]. Nach Lais handelt es sich um Völkergewohnheitsrecht[34], was er aus der Staatenpraxis herleitet. Dieser Auffassung ist zuzustimmen, denn in ständiger Übung haben sich Staaten und Gerichte auf diesen Grundsatz berufen und damit der allgemeinen Rechtsüberzeugung Ausdruck verliehen.

Als Arten der Wiedergutmachung werden die Naturalrestitution, der Schadensersatz, und für immaterielle Schäden die Genugtuung angenommen. So führt Eagleton aus: "When an internationally illegal act has been committed, it is incumbent upon the injuring state chargeable therewith to restore the situation exactly to its former state; or, if this is impossible, to substitute in some manner, and to such an extent, as will be considered to have repaired the injury[35]." In der Praxis der internationalen Gerichte gibt es zahlreiche Beispielsfälle, in denen auf derartige Rechtsfolgen erkannt worden ist. So auf Schadensersatz im Korfu-Kanal-Fall[36], im Lusitania-Fall[37], im Alabama-Fall[38] und im Costa-Rica-Packet-Fall[39].

Als weitere Rechtsfolgen des Delikts, die nicht als Wiedergutmachung anzusehen sind, kommen noch Retorsion, Repressalie und Krieg in Betracht. Nach Kelsen sind sie, insbesondere die Repressalie und der Krieg, die ausnahmslosen Rechtsfolgen des Delikts, und nicht etwa die Wiedergutmachung[40], durch die Wiedergutmachung werde der einmal gesetze Unrechtstatbestand nicht aus der Welt geschafft, sondern der Eintritt der rechtmäßigen Unrechtsfolge, als die Kelsen nur Repressalie und Krieg ansieht, werde lediglich verhindert[41]. Diese Auffassung läßt sich heute nach Abschluß des Kellogg-Paktes und der UN-Charta, die ein allgemeines Gewaltverbot zumindest gewohnheitsrechtlich festlegen, nicht mehr halten. Nach heutiger Auffassung ist die friedliche Beilegung von Streitigkeiten der Grundsatz, und die Repressalie darf erst ergriffen werden, wenn die Versuche, Wiedergutmachung zu erlangen, gescheitert sind. Der Krieg als Rechtsfolge des Delikts ist grundsätzlich abzulehnen, er ist nach heutiger Auffassung nur als Notwehrakt zulässig.

---

[33] *Schüle,* Wiedergutmachung, Strupp-Schlochauer, Wörterbuch, Bd. III, S. 843.

[34] *Lais,* Rechtsfolgen völkerrechtlicher Delikte, S. 87/88.

[35] *Eagleton,* Responsibility of States, S. 182.

[36] ICJ, Reports 1949, S. 244.

[37] Reports of International Arbitral Awards, Bd. 7, S. 32.

[38] *Mc Nair,* International Law Opinions, 1956, Bd. 3, S. 171.

[39] *Martens,* N. R. G., 2., Bd. 23, S. 48, 808.

[40] *Kelsen,* Unrecht und Unrechtsfolge im Völkerrecht, S. 553.

[41] *Kelsen,* Unrecht und Unrechtsfolge im Völkerrecht, S. 560.

Nach Levin bildet die Anwendung internationaler Sanktionen gegenüber den Rechtsverletzern eine weitere mögliche Rechtsfolge des völkerrechtlichen Delikts[42], als Beispiel führt er ein Zitat von Tunkin an, nach dem diese Sanktion zum Beispiel aus einer teilweisen Abtretung des Territoriums bestehen kann[43]. Diese Rechtsfolge erscheint aber sehr zweifelhaft, da sie den Charakter einer Strafmaßnahme trägt, Strafen dem Völkerrecht aber grundsätzlich unbekannt sind, was Levin selbst etwas später ausführt[44].

Eine positive Regelung der Rechtsfolgen beim völkerrechtlichen Delikt besteht nicht, so daß man, um diese zu bestimmen, auf gewohnheitsrechtliche Grundsätze und die allgemeinen Rechtsgrundsätze angewiesen ist[45]. Als Quellen zur Feststellung dieser Rechtsregeln können neben der Staatenpraxis insbesondere die Urteile internationaler Gerichte und Schiedsgerichte und mit gewissen Vorbehalten auch die Rechtslehre herangezogen werden[46].

Als Ergebnis läßt sich feststellen, daß das völkerrechtliche Delikt grundsätzlich die Haftung des Staates begründet und als Rechtsfolgen die Pflicht zur Wiedergutmachung (Naturalrestitution, Schadensersatz, Genugtuung) oder Retorsion, Repressalie und im Fall des kriegerischen Angriffs Krieg nach sich zieht.

§ 5 Ist die Vertragsverletzung ein Delikt?

Nach der kurzen Darstellung des völkerrechtlichen Delikts und seiner Rechtsfolgen ist nun zu prüfen, ob man auch die Vertragsverletzung unter den Begriff des Delikts im Völkerrecht subsumieren kann, womit dann erwiesen wäre, ob, wenigstens grundsätzlich, die Rechtsfolgen des Delikts auch für die Vertragsverletzung gelten. Diese Feststellung entbindet aber nicht von der Verpflichtung, im Anschluß daran noch die einzelnen Rechtsfolgen speziell in ihrem Verhältnis zur Vertragsverletzung zu prüfen.

1. Was ist ein Vertrag?

Um den Deliktscharakter der Vertragsverletzung prüfen zu können, muß zunächst eine Definition des völkerrechtlichen Vertrages gegeben werden.

---

[42] *Levin,* Verantwortlichkeit der Staaten im gegenwärtigen Völkerrecht, S. 14.

[43] *Tunkin,* Das Völkerrecht der Gegenwart, S. 231.

[44] *Levin,* Verantwortlichkeit der Staaten, S. 49.

[45] *Lais,* Rechtsfolgen völkerrechtlicher Delikte, S. 21.

[46] *v. Münch,* Das völkerrechtliche Delikt, S. 44.

Ein völkerrechtlicher Vertrag ist eine Willenseinigung abschlußfähiger Völkerrechtssubjekte, deren Zweck es ist, Rechtsfolgen im Bereich des Völkerrechts zu erzeugen[47]. Es handelt sich dabei um eine autonome Form der Rechtsschöpfung, wobei das auf diese Art und Weise gesetzte Recht nur zwischen den Vertragspartnern Gültigkeit hat, es sei denn, diesem Vertrag treten derart viele Staaten bei, daß ihm gewohnheitsrechtlicher Charakter zugesprochen werden kann. Das gleiche kann geschehen durch ständigen Abschluß gleicher Verträge in großer Zahl. Durch die Zahl der Signatarstaaten, also durch die Frage, ob der Vertrag bilateral oder multilateral ist, ändert sich an der grundsätzlichen rechtlichen Beurteilung dieses Rechtsinstituts nichts. Verträge, die zwischen Staaten und einzelnen Ausländern geschlossen werden, sind keine völkerrechtlichen Verträge[48], was sich aus der oben zitierten Definition ergibt. Sie sind daher hier nicht zu behandeln.

2. Warum werden Verträge gehalten?

Abgesehen von der Tatsache, daß Rechtsüberzeugungen sie zum Einhalten von Verträgen veranlassen, halten die Staaten diese wohl vor allem aus utilaristischen und taktischen Überlegungen heraus. „Le droit, la volonté et la raison"[49] sind die Gründe, die sie von der Vertragsverletzung abhalten. Im allgemeinen hat ein Staat mit dem Vertragsschluß auch eigene Interessen verfolgt, die er nicht durch Bruch des Vertrages aufs Spiel setzen will. Und wenn diese eigenen Interessen bereits durch den Vertragspartner befriedigt worden sind oder sich für den Staat diese Interessenlage geändert hat, hält ihn doch häufig, auch wenn es sich um einen recht unbequemen Vertrag handeln mag, der Gedanke vom Vertragsbruch ab, daß er durch dieses Verhalten in der Völkergemeinschaft an Ansehen verlieren würde und er unter Umständen in Zukunft seine Ziele nicht mehr so leicht durch Abschluß völkerrechtlicher Verträge verfolgen könnte, da die anderen Staaten nicht mehr bereit wären, einen Vertrag einzugehen auf die Gefahr hin, daß dieser doch wieder gebrochen würde. Die Staaten scheuen das Prädikat des Vertragsbrechers, womit sich wohl auch erklären läßt, daß sie sich bei Verletzung eines Vertrages immer auf irgendwelche Rechtfertigungsgründe berufen. Ein wesentlicher Grund für die Einhaltung von Verträgen liegt also nicht allein in der Überzeugung, sondern auch vor allem im staatlichen Egoismus.

---

[47] *Guggenheim/Marek*, Vertrag, Strupp-Schlochauer, Wörterbuch, Bd. III, S. 528.

[48] *Eagleton*, Responsibility of States, S. 158.

[49] *Hoijer*, Les Traités Internationaux, S. 215.

3. Gibt es eine Verpflichtung, Verträge zu halten?

a) Allgemeines

Oben ist dargestellt worden, daß Verträge zumindest auch aus taktischen und utilaristischen Erwägungen heraus eingehalten werden, was dennoch viele Staaten nicht von Vertragsverletzungen abhält. Seit es völkerrechtliches Vertragsrecht gibt, gibt es auch Vertragsbrüche, so seien aus neuerer Zeit nur die von den UdSSR begangenen Verletzungen der Abkommen der Alliierten in bezug auf den Viermächtestatus Berlins und die Verletzung der mit den Alliierten am 10. 2. 1947 Ungeschlossenen Friedensverträge durch Bulgarien, Rumänien und Ungarn[50] und die ständigen Verletzungen der Waffenstillstandsabkommen in Vietnam und auch im Nahen Osten erwähnt. V. Münch geht ohne Zögern von dem Grundsatz aus, daß die Vertragsverletzung ein Delikt sei, was aber erst nachgewiesen werden müßte. Erforderlich ist, um von einem Delikt sprechen zu können, daß eine Völkerrechtsnorm verletzt wird, wobei die verletzte Norm dem deliktisch handelnden Völkerrechtssubjekt eine konkrete Verpflichtung gegenüber einem anderen Völkerrechtssubjekt auferlegen muß[51]. Als eine solche Norm könnte im Falle der Vertragsverletzung der Satz „pacta sunt servanda“ angesehen werden, der neben dem Vertrag selbst verletzt wäre, was später noch untersucht werden soll. Hier sei aber schon gesagt, daß gegen den Rechtscharakter dieses Satzes die Tatsache der recht häufigen Brüche insbesondere von Friedensverträgen spricht, es muß also erst festgestellt werden, ob tatsächlich eine in diese Richtung gehende Rechtsüberzeugung besteht[52].

Vom Gedanken einer allgemeinen Vernunft ausgehend kann gesagt werden, daß die Einhaltung von Verträgen ein Gebot der Notwendigkeit ist, um eine gewisse internationale Ordnung zu erhalten; aber in der internationalen Gesellschaft ist nicht immer diese enge Beziehung zwischen der Vertragseinhaltung und dem Wohl der Allgemeinheit gesehen worden. Besonders häufig sind Vertragsverletzungen bei Friedensverträgen[53]; so sollen zwischen 1500 v. Chr. und 1860 n. Chr. rund 8000 Friedensverträge auf ewige Dauer geschlossen worden sein, die nicht länger als im Durchschnitt zwei Jahre eingehalten worden sind[54]. Die Begründung für diese Tatsache liegt vor allem darin, daß diese Verträge gewöhnlich unter Zwang abgeschlossen, einer relativ starken Macht unbequem und dann gegenüber einem schwächeren Staat

---

50 *v. Münch*, Das völkerrechtliche Delikt, S. 86.
51 *v. Münch*, Das völkerrechtliche Delikt, S. 134.
52 *Whitton*, La Règle „pacta sunt servanda“, S. 221.
53 *Whitton*, La Règle „pacta sunt servanda“, S. 224.
54 *Novicow*, War and its Alleged Benefits.

gebrochen wurden[55]. Hieraus läßt sich aber nicht der Schluß ziehen, daß Verträge allgemein nicht eingehalten zu werden brauchen, denn auch in anderen Rechtsbereichen wird die Verpflichtung zur Respektierung der Regeln nicht immer befolgt, woraus noch nicht der Schluß gezogen werden kann, daß diese Rechtsbindung ihre Gültigkeit verloren hat. Allein die Tatsache von Rechtsbrüchen führt nicht zu dem Ergebnis, dieser vertraglichen Bindung zwingenden Rechtscharakter absprechen zu müssen.

Nachdem festgestellt worden ist, daß aus der Tatsache, daß Verträge bisweisen verletzt werden, nicht der Schluß gezogen werden kann, daß es keine Verpflichtung zur Einhaltung von Verträgen gibt, sind nun die Argumente zu prüfen, die für beziehungsweise gegen eine solche Verpflichtung sprechen könnten.

b) *Souveränität*

In der Vergangenheit wurde vielfach die Auffassung vertreten, daß es mit der Souveränität der Staaten unvereinbar sei, ihnen die Verpflichtung zur Einhaltung einmal eingegangener Bindungen aufzuerlegen, beziehungsweise sie für den Bruch dieser Bindungen zur Verantwortung zu ziehen. Dies wurde damit begründet, daß der Staat der einzige Richter seiner Verantwortlichkeit sei, und daß die Pflicht des Staates, eine von ihm begangene Rechtsverletzung zu korrigieren, ausschließlich von seinem Willen abhänge[56]. Diese Vorstellung vom Nichtvorhandensein irgendwelcher internationaler Bindungen entspricht dem Begriff der absoluten Souveränität, der besagt, daß für den Staat keine Bindungen an übernationales Recht bestehen. Bei manchen totalitären Staaten gilt zwar auch heute noch die Auffassung, daß die Souveränität der Einhaltung von Verträgen vorgehe und diese nur solange gehalten werden müßten, wie sie nützen[57], grundsätzlich herrscht aber heute im Völkerrecht das Prinzip der relativen Souveränität, das besagt, daß auch der souveräne Staat dem Völkerrecht unterworfen ist, er also gehalten ist, die Bestimmungen des Völkerrechts zu beachten[58]. Aus dem Grundsatz der Souveränität der Staaten läßt sich also nicht der Schluß ziehen, daß keine Verpflichtung zur Einhaltung völkerrechtlicher Verträge bestehen kann. Vielmehr besagt er, daß, falls ein solcher Völkerrechtssatz existiert, der Staat seine Souveränität nicht als Entschuldigung für die Vertragsverletzung einwenden kann, da sie ihn

---

[55] *Whitton*, „pacta sunt servanda", S. 225.

[56] *Fauchille*, Traité de droit international public, t. 1, première Partie S. 514.

[57] *Kägi*, pacta sunt servanda, Strupp-Schlochauer, Wörterbuch, Bd. II, S. 715.

[58] *Dahm*, Völkerrecht, Bd. 1, S. 153.

nicht von der Verpflichtung zur Befolgung der Bestimmungen des Völkerrechts entbindet.

c) *Pacta sunt servanda*

Die Verpflichtung zur Einhaltung völkerrechtlicher Verträge könnte sich aus dem Grundsatz „pacta sunt servanda" ergeben, gesetzt den Fall, daß er einen Bestandteil des geltenden Völkerrechts darstellt. Wenn dies der Fall ist, muß in der Verletzung dieses Satzes ein völkerrechtliches Delikt gesehen werden, was dann, wie oben ausgeführt, zu der Auferlegung von Verantwortlichkeit, Haftung und damit von Rechtsfolgen führt. Der Satz „pacta sunt servanda" könnte neben dem Vertrag selbst die verletzte Rechtsnorm sein, die eine Verpflichtung mit Ausrichtung auf ein anderes Völkerrechtssubjekt, hier den Vertragspartner, zum Inhalt hat, und somit das „vinculum iuris" darstellen, aus dem der Anspruch auf Erfüllung[59] und aus dessen Verletzung gegebenenfalls auch die Rechtsfolgen erwachsen.

In der Wiener Vertragskonvention, die, wie oben ausgeführt, eine Wiedergabe des Völkergewohnheitsrechts im Bereich des Vertragsrechts darstellt, wird von dem Satz „pacta sunt servanda" als völkerrechtlichem Grundsatz, der alle Staaten bindet, ausgegangen. In der Präambel der Konvention heißt es: „The States Parties to the present Convention ... noting that the principles of free consent and of good faith and the ‚pacta sunt servanda' rule are universally recognized ...", und im Teil III, Section 1 ist unter der Überschrift „Observance of Treaties" im Artikel 26 gesagt: „Every treaty in force is binding upon the parties to it and must be performed by them in good faith", was als eine Umschreibung des Grundsatzes „pacta sunt servanda" aufzufassen ist. Zumindest seit der Wiener Vertragskonvention gilt also „pacta sunt servanda" als allgemein verbindliches und verpflichtendes Gewohnheitsrecht im Völkerrecht.

Daß dies bereits vor den Verhandlungen zur Wiener Vertragskonvention auch der Fall war, läßt sich aus vielen diesbezüglichen Urteilen[60] und aus der allgemeinen Literaturmeinung entnehmen[61]. In

---

[59] *Schüle*, Delikt, Strupp-Schlochauer, Wörterbuch Bd. I, S. 329.

[60] Chorzow-Fall, PCIJ Series A No. 8, No. 17, S. 47; Wimbledon-Fall, PCIJ Series A No. 1, S. 15; Junghans-Fall, *Seidl-Hohenveldern*, Strupp-Schlochauer, Wörterbuch, Bd. II, S. 178; Martini-Fall, *Thomas*, Strupp-Schlochauer, Wörterbuch, Bd. II, S. 486; Martini-Fall, Recueil des sentences arbitrales des Nations Unies, Vol. II, S. 975 ff.

[61] *Winiarski*, Interpretation of Peace Treaties, First Phase A. O. 30. 3. 1950, S. 94; Fontes AI 5, S. 185: „Pacta sunt servanda" constitutes the fundamental rule of international law and the basis of international relations; respect for the obligations arising from treaties and other sources of international law constitutes the primary duty of any State in its relations with other States.

Kelsen, Unrecht und Unrechtsfolge im Völkerrecht, S. 505: „Auch Vertragsverletzungen sind Verletzungen des allgemeinen Völkergewohnheitsrechts,

diesen Fällen wird, wenn nicht deutlich der Grundsatz „pacta sunt servanda" als Rechtspflicht ausgesprochen wird, doch zumindest ein entsprechender Grundsatz als herrschend angenommen, da in allen diesen Fällen an die Verletzung von Verträgen Rechtsfolgen geknüpft werden.

Wie klar die Überzeugung, daß die Vertragsverletzung einen Verstoß gegen den Satz „pacta sunt servanda" und damit einen rechtswidrigen Akt bedeutet, bei den Staaten besteht, geht aus der Tatsache hervor, daß Staaten, die einen Vertrag verletzt haben, umgehend erklären, daß im konkreten Fall der Vertrag aufgehört habe zu existieren oder daß im beklagten Verhalten keine Vertragsverletzung zu sehen sei[62], oder daß die Staaten sich bemühen, für den Vertragsbruch eine Rechtfertigung zu finden[63].

Eine Einschränkung der unbegrenzten Geltung des Grundsatzes „pacta sunt servanda" nimmt McNair für den Fall von Handelsverträgen vor, die keine Rücktrittsklausel oder zeitliche Begrenzung enthalten. Diese Verträge sollen unter leichteren Bedingungen aufkündbar sein, da gerade in diesem Bereich die Umstände durch Veränderungen auf dem Gebiet von Wissenschaft, Industrie, Transport u. a. sich erheblich ändern können, womit McNair „the existence of an implied right of denunciation upon giving reasonable notice ... from the very nature of the treaty on the ground that it requires revision from time to time in order to bring it into harmony with changing conditions" begründet[64]. Als weitere Begründung führt McNair die Tatsache an, daß heute im United Kingdom und anderen Staaten die Tendenz besteht, in ihren Handelsverträgen Kündigungsklauseln mit einer Frist von sechs bis zwölf Monaten vorzusehen[65]. Aus dieser Tatsache läßt sich aber gerade eher das Gegenteil ableiten, nämlich daß auch bei Handelsverträgen die Pflicht zur Vertragseinhaltung streng gilt, so daß in den Verträgen Modifikationen vorgenommen werden müssen, um eine längere Geltungsdauer verhindern zu können. Darüber hinaus gestattet die WVRK die Kündigung des Vertrages nicht nur, wenn dieser es ausdrücklich vorsieht, sondern auch dann, wenn

---

denn die Nichterfüllung eines Vertrages ist nur unmittelbar Verletzung der vertraglich erzeugten Norm; mittelbar — und das ist das für den Unrechtstatbestand Entscheidende — Verletzung der Norm des allgemeinen Völkergewohnheitsrechts: pacta sunt servanda."

Schweisfurth, Der internationale Vertrag in der modernen sowjetischen Völkerrechtstheorie, S. 286/87; *Whitton*, La Règle „pacta sunt servanda", S. 220; *Hoijer*, les Traités Internationaux, S. 522; *Mc Nair*, The Law of Treaties, S. 494 / S. 501.

62 *Mc Nair*, The Law of Treaties, S. 494.

63 *Whitton*, La Règle „Pacta sunt servanda", S. 228.

64 *Mc Nair*, The Law of Treaties, S. 504.

65 *Mc Nair*, The Law of Treaties, S. 505.

die Natur des Vertrages dafür spricht. Für den Fall, daß sich erhebliche Änderungen in den Umständen, in den wirtschaftlichen Bedingungen oder auf anderen Gebieten ergeben, kann für den Handelsvertrag nicht eine erleichterte Rücktrittsmöglichkeit angenommen werden, vielmehr bieten auch hier nur die allgemein anerkannten Rechtfertigungsgründe, und insbesondere die „clausula rebus sic stantibus" die einzige Möglichkeit der Lösung von den vertraglich vereinbarten Verpflichtungen. Diese Frage der gerechtfertigten Vertragsverletzung soll später noch behandelt werden.

Die Frage nach der Natur des Rechtssatzes „pacta sunt servanda" beantwortet Anzilotti mit der These, es handele sich hierbei nicht nur um eine wichtige Norm des Völkerrechts, sondern um die Grundnorm des Völkerrechts überhaupt[66], die begriffsnotwendige Voraussetzung der gesamten Völkerrechtsordnung und nicht aus anderen Rechtsnormen ableitbar sei. Damit wäre diese Grundnorm auch die Grundlage der Rechtsverbindlichkeit des Gewohnheitsrechts.

Von der Mehrheit der Lehre wird der Satz „pacta sunt servanda" als „notwendige Regel" (Kelsen) und „grundlegende Norm" bezeichnet, wobei er rechtlich charakterisiert wird zum Teil als allgemeiner Rechtsgrundsatz (Fitzmaurice, Bin Cheng, Spiropoulos, Wehberg, von der Heydte, Dahm), zum Teil als Satz des Völkergewohnheitsrechts (Oppenheim-Lauterpacht, Whitton, de Louter, Basdevant, Kelsen, Kunz, Guggenheim)[67].

Nach sowjetischer Auffassung steht „pacta sunt servanda" als Grundsatz neben den übrigen Grundsätzen des Völkerrechts im Gegensatz zu den oben aufgeführten Theorien[68].

Die Frage nach der Rechtsnatur des Satzes „pacta sunt servanda" braucht bei der Fragestellung der vorliegenden Arbeit nicht eingehender erörtert zu werden, da allein wesentlich ist, ob von der allgemeinen Meinung dieser Satz als eine Rechtsnorm des Völkerrechts angesehen wird, die verpflichtenden Charakter hat. In der positiven Beantwortung dieser Frage sind sich alle Autoren einig.

Als Ergebnis läßt sich also festhalten, daß nach einhelliger Auffassung in der Staatenpraxis, der internationalen Rechtsprechung und der Literatur der Satz „pacta sunt servanda" eine Norm des Völkerrechts darstellt, deren Verletzung ein völkerrechtliches Delikt bedeutet[69]. Der

---

66 *Anzilotti*, Völkerrecht, S. 32.

67 *Kägi*, pacta sunt servanda, Strupp-Schlochauer, Wörterbuch, Bd. II, S. 712.

68 *Schweisfurth*, Der internationale Vertrag in der modernen sowjetischen Völkerrechtstheorie, S. 287.

69 Martini-Fall, Recueil des sentences arbitrales des Nations Unies, Vol. II, S. 975; Martini-Fall, *Thomas*, Strupp-Schlochauer, Wörterbuch, Bd. II, S. 486;

Vertragsbruch ist ein rechtswidriger Akt, dessen Folgen sich auf dem Gebiet der völkerrechtlichen Haftung der Staaten abspielen[70], und zwar nach den Grundsätzen über Deliktsfolgen[71]. So führte auch der IGH in dem „Interpretation of the Peace Treaties" Fall aus: "Refusal to fulfill a treaty obligation involves international responsibility[72]." Die Fälle von Vertragsbrüchen beeinträchtigen nicht die Existenz der Norm der Unverletzlichkeit der Verträge, denn der größte Teil der Verträge wird eingehalten, auch von vertragsbrüchigen Staaten[73].

§ 6 Wann liegt eine Vertragsverletzung vor?

Nachdem wir festgestellt haben, daß die Vertragsverletzung einen Verstoß gegen „pacta sunt servanda" und damit ein völkerrechtliches Delikt bedeutet, das Rechtsfolgen nach sich zieht, ist nun zu prüfen, wann ein Vertragsbruch tatbestandsmäßig vorliegt, und welche Möglichkeiten der Vertragsverletzung es gibt.

Grundsätzlich ist festzustellen, daß der Vertrag durch ein positives Tun oder durch ein Unterlassen verletzt werden kann[74], wobei das Unterlassen nur dann Rechtsfolgen nach sich ziehen kann, wenn eine Verpflichtung zum Tätigwerden bestanden hat[75]. Voraussetzungen für das Vorliegen eines völkerrechtlichen Unterlassungsdeliktes sind nach Zannas das Vorhandensein von Umständen, die dem Staate die Verpflichtung auferlegen, eine gewisse Sorgfalt auszuüben (hier bei der Vertragserfüllung), die durch das internationale Recht vorgeschrieben wird; zweitens die Verletzung dieser Verpflichtung durch Verhalten des Staates und drittens ein aus dieser Pflichtverletzung resultierender Schaden[76]. Diese Regel gilt auch für die Vertragsverletzung, denn es gibt Verträge, in denen ein bestimmtes Verhalten gefordert wird und die Unterlassung dieses Verhaltens eine Vertragsverletzung bedeuten würde.

Whitton, La Règle „pacta sunt servanda", S. 228; *Schüle*, Delikt, Strupp-Schlochauer, Wörterbuch, S. 326.

[70] *Hoijer*, Les Traités Internationaux, S. 523; *Lais*, Rechtsfolgen völkerrechtlicher Delikte, S. 94.

[71] *Lais*, Rechtsfolgen völkerrechtlicher Delikte, S. 104; *Whiteman*, Damages in International Law, Bd. 1, S. 6/7.

[72] ICJ, Reports 1950, S. 228.

[73] *Whitton*, „pacta sunt servanda", S. 230.

[74] *Ago*, le Délit International, S. 447.

[75] *Ago*, le Délit International, S. 500.

[76] *Zannas*, la Responsabilité Internationale des Etats pour les Actes de Négligence, S. 131.

Sehr häufig sind Vertragsverletzungen der Art, daß das innerstaatliche Recht nicht den vertraglich vereinbarten Bestimmungen angepaßt wird, also eine Diskrepanz zwischen vertraglicher Vereinbarung und nationalem Recht entsteht, oder daß das innerstaatliche Recht, das mit den vertraglichen Bestimmungen in Einklang stand, nachträglich in einer dem Vertrag widersprechenden Form geändert wird, wodurch nachträglich die Diskrepanz entsteht. Grundsätzlich muß das nationale Recht dem internationalen Recht, als das der Vertrag anzusehen ist, angepaßt werden[77]; die Nichtbefolgung dieses Satzes bedeutet eine Vertragsverletzung und damit ein Delikt, was sich aus der nur relativen Souveränität und dem damit verbundenen Unterworfensein der Staaten unter das Völkerrecht erklärt[78]. Dies führt auch dazu, daß ein Staat, der es versäumt hat, nach Wirksamwerden eines Vertrages diesem sein innerstaatliches Recht anzupassen, sich nicht später nach einer Vertragsverletzung darauf berufen kann, sein innerstaatliches Recht habe ihn zu diesem Verhalten gezwungen[79]. Dieser Grundsatz wird auch besonders in Artikel 27 der Wiener Vertragskonvention hervorgehoben, wo es in Satz 1 heißt: "A party may not invoke the provisions of its internal law as justification for its failure to perform a treaty." Dieser Rechtssatz gilt selbst für dem Vertrag entgegenstehendes Verfassungsrecht[80]. Sogar Verletzungen eines vertraglichen Verbots der Ausübung einer vom allgemeinen Völkerrecht gewährten Fähigkeit zur Gestaltung des Völkerrechts durch einseitige Staatsakte, zum Beispiel die Gesetzgebung, sind als Delikt anzusehen[81], das Vertragsrecht hat also insoweit absoluten Vorrang.

Die Tatsache, daß der Staat den Vertrag unter Verletzung innerstaatlichen Rechts geschlossen hat, entbindet ihn nicht von der Verpflichtung, den Vertrag einzuhalten, es sei denn, die Verletzung nationalen Rechts war offensichtlich und auch dem Vertragspartner erkennbar. Dieser Gedanke findet besonderen Ausdruck in Artikel 46 der Wiener Vertragskonvention, in dessen Absatz 1 es heißt: "A state may not invoke the fact that its consent to be bound by a treaty has been expressed in violation of a provision of its internal law regarding competence to conclude treaties as invalidating its consent unless that violation was manifest and concerned a rule of its internal law of fundamental importance."

---

77 *Guggenheim/Marek*, Vertrag, Strupp-Schlochauer, Wörterbuch, Bd. III, S. 538; *Whitton*, La Règle „pacta sunt servanda", S. 230.

78 *Hoijer*, La Responsabilité Internationale, S. 62.

79 *Mc Nair*, Law of Treaties, S. 555.

80 *Reuter*, La Responsabilité Internationale, S. 83.

81 *Wengler*, Völkerrecht, S. 562.

Beispielsfälle für Vertragsverletzungen durch Nichtaufhebung oder Erlaß vertragswidriger Rechtsnormen sind häufig. Bekannt ist insbesondere der bereits oben angeführte Chorzow-Fall, in dem der StIG zu prüfen hatte, ob durch den Erlaß eines Liquidationsgesetzes Polen das deutsch-polnische Oberschlesien-Abkommen vom 15. 5. 1922 verletzt hatte. Der Gerichtshof bejahte dies; er ging davon aus, daß das nationale Recht nicht der vertraglich übernommenen Verpflichtung widersprechen dürfe[82].

Ein Beispiel für eine Vertragsverletzung durch Erlaß einer vertragswidrigen Verfassungsnorm bietet der Fall der Aufhebung des Art. 61 II WRV, von dem die Alliierten behaupteten, er verletze den Art. 80 des Friedensvertrages von Versailles vom 28. 6. 1919[83]. Hier zeigt sich die Rechtsüberzeugung, daß auch Verfassungsvorschriften dem geltenden Vertragsrecht anzupassen sind, widrigenfalls eine Vertragsverletzung anzunehmen ist.

Ebenso hat auch im Alabama-Fall das Schiedsgericht formell festgestellt, daß England sich nicht für die Mißachtung der Neutralitätsvorschriften mit der Begründung entschuldigen könne, seine Gesetzgebung habe der britischen Regierung nicht die nötigen Mittel zur Verhinderung der Rechtsverletzung zur Verfügung gestellt[84]. Der Alabama-Fall ist zwar kein Beispiel für eine Vertragsverletzung, aber aus dieser Entscheidung läßt sich doch sehr deutlich der Grundsatz entnehmen, daß das internationale Recht dem innerstaatlichen Recht vorgeht und sich der Staat nicht mit der Begründung, das nationale Recht habe keine andere Möglichkeit als die der Verletzung von Völkerrecht gegeben, wie Münchhausen am eigenen Schopf aus dem Sumpf ziehen kann[85].

Ein weiteres Beispiel ist der Fall des Zollabkommens zwischen der Schweiz und Frankreich, über den am 3. 8. 1912 in Paris entschieden worden war. Frankreich hatte ein mit der Schweiz bestehendes Zollabkommen durch Änderung der nationalen Zollgesetzgebung, die Zollerhöhungen von bis zu 50 % enthielt, verletzt. Die Folge war eine schwere Schädigung des Schweizer Exports. Das Schiedsgericht sah in dieser Änderung des nationalen Rechts entgegen den Vertragsbestimmungen eine klar Vertragsverletzung[86], die eine Haftung begründen mußte.

---

82 PCIJ, Series A, No. 7 vom 25. 5. 1926.

83 *Strupp*, Das völkerrechtliche Delikt, S. 210.

84 *de Visscher*, La Responsabilité des Etats, S. 97; *Mc Nair*, International Law Opinions, 1956, Bd. 3, S. 171.

85 *Freeman*, The international Responsability of States for Denial of Justice, S. 297.

86 *Whiteman*, Damages in International Law, Bd. III, S. 1833.

Als letztes Beispiel sei noch der Panama-Canal-Tolls-Fall erwähnt. Im Vertrag von Hay-Pauncefote vom 18. 11. 1901 war eine Diskriminierungsverbot für die Durchfahrt durch den von den USA betriebenen Panama-Kanal vereinbart worden. In den USA sollte nun ein Gesetz erlassen werden, wonach USA-Schiffe von der US-Regierung, die gleichzeitig für die USA als Eigentümer des Kanals auftrat, die Kanalgebühren zurückerstattet bekommen sollten, wodurch sich praktisch eine Bevorzugung der USA-Schiffe ergeben hätte seitens des Kanaleigners, der ja identisch mit der US-Regierung war, was einen Verstoß gegen den Vertrag von Hay-Pauncefote bedeutet hätte durch Erlaß eines vertragswidrigen Gesetzes. Durch Intervention Großbritanniens wurde der Erlaß des Gesetzes verhindert, woraus zu entnehmen ist, daß auch die USA ihr Verhalten als vertrags- und damit rechtswidrig angesehen haben[87].

Eine weitere Möglichkeit der Vertragsverletzung ist der ungerechtfertigte Rücktritt oder die Kündigung ohne Grund, insbesondere bei Verträgen, in denen keine Kündigung oder Kündigungsmöglichkeit erst ab einem späteren Zeitpunkt vorgesehen ist. Änderungen und Beendigung eines Vertrages sind nämlich nur einverständlich möglich, es sei denn, besondere Rechtfertigungsgründe, die noch weiter unten behandelt werden sollen, greifen ein[88]. Die Kündigung, die zur unrechten Zeit erfolgt oder sonst unrechtmäßig ist, stellt eine Vertragsverletzung dar und gilt als nicht erklärt[89].

Als dritte Möglichkeit der Vertragsverletzung kommt die Verhinderung des Eintrittes des Vertragszweckes in Betracht. Hierunter sind Maßnahmen eines Vertragspartners im nationalen oder internationalen Bereich zu verstehen, die das Ziel haben zu verhindern, daß der mit der Vertragsschließung beabsichtigte Erfolg eintritt. Dieses Verhalten bedeutet einen Verstoß gegen den Grundsatz von Treu und Glauben, der auch bei der Vertragserfüllung im internationalen Bereich Gültigkeit hat und besagt, daß die Vertragspartner ihr bestes tun sollen, um die Vertragsabwicklung zu gewährleisten[90]. Als Beispiel für den Verstoß gegen Treu und Glauben sei das Verhalten Rumäniens nach Abschluß des Vertrages von Berlin von 1878 angeführt, in dessen Artikel 44 für den neugeschaffenen Staat Rumänien der Ausschluß von Diskriminierungen aufgrund der Religion vorgesehen war. Rumänien umging diese Verpflichtung, indem Juden die Verleihung der Staatsangehörig-

---

[87] *Mc Nair*, Law of Treaties, S. 547/548; *Whitton*, La Règle „pacta sunt servanda", S. 228; *Hyde*, International Law Chiefly as Interpreted and Applied by the United States, vol. I, S. 87.

[88] *Dahm*, Lehrbuch des Völkerrechts, Bd. III, S. 125.

[89] *Dahm*, Lehrbuch, Bd. II, S. 130.

[90] *Mc Nair*, Law of Treaties, S. 540.

keit verweigert wurde[91]. Dies stellte eine indirekte Verletzung der Verpflichtung und einen Verstoß gegen Treu und Glauben dar, denn der Vertrag bezweckte auch die Nichtdiskriminierung von Juden, was deren Einbürgerung voraussetzte.

Ein weiteres Beispiel für die Verhinderung des Eintritts des Vertragszweckes ist der Junghans-Fall. Im deutsch-rumänischen Vertrag vom 10. 11. 1928 hatten sich Rumänien und Deutschland über eine pauschale Ausgleichung nach dem 1. Weltkrieg geeinigt. Rumänien machte falsche Angaben über Grundstücke, was eine Vertragsverletzung bedeutete[92], denn Vertragszweck war eine gerechte Ausgleichung der Schäden, was Rumänien durch falsche Angaben zu seinen Gunsten verhindern wollte.

Ebenso wurde der Eintritt des Vertragszwecks im Fall Turner & Renshaw (USA gegen Mexiko) verhindert. In diesem Fall wurde ein Handelsvertrag dadurch verletzt, daß dem ausländischen Vertragspartner der Verkauf seiner Waren im Inland verweigert wurde[93], worin der Versuch zu sehen ist, den Vertragszweck, nämlich den Austausch von Waren, zu boykottieren.

Eine ähnliche Vertragsverletzung lag auch im Oscar-Chinn-Fall vor, in dem ein belgisch-britischer Handelsvertrag dadurch verletzt wurde, daß einer belgischen Gesellschaft im Congo ein de-facto Monopol verschafft wurde[94], womit der Eintritt des Zweckes dieses Vertrages, nämlich die Gleichberechtigung und Nichtdiskriminierung im Handel, verhindert war.

In seiner Darstellung des North-Atlantic-Coast-Fisheries-Case schreibt McNair: "The making of regulations by one pary which in substance destroyed or frustrated the right of the other party would be a breach of good faith and of the treaty[95]." Hierin bringt er zum Ausdruck, daß die Verhinderung des Eintritts des Vertragszweckes einen Verstoß gegen Treu und Glauben und damit eine Vertragsverletzung bedeutet. Das Charakteristische an dieser Art der Vertragsverletzung ist die Tatsache, daß der vertragsbrüchige Staat aktiv tätig wird, um den Eintritt des Vertragserfolges zu verhindern.

Eine vierte Möglichkeit ist die Nichtdurchführung von Vereinbarungen, was im allgemeinen nicht wie oben ein aktives Handeln bedeutet, sondern lediglich Passivität gegenüber der Durchführung der Ver-

---

[91] *Mc Nair*, Law of Treaties, S. 540.

[92] *Seidl-Hohenveldern*, Junghans-Fall, Strupp-Schlochauer, Wörterbuch, Bd. II, S. 178.

[93] *Whiteman*, Damages in International Law, Bd. III, S. 2010.

[94] *Mc Nair*, Law of Treaties, S. 542.

[95] *Mc Nair*, Law of Treaties, S. 550.

tragsbestimmungen. Typisches Beispiel hierfür ist die Nichterfüllung vertraglich übernommener finanzieller Verpflichtungen, Aufrüstung entgegen den Bestimmungen eines Abrüstungsvertrages, Weiterführung kriegerischer Handlungen nach Abschluß eines Waffenstillstands- oder Friedensvertrages oder die Nichtlieferung von in Handelsverträgen vereinbarten Waren.

Gerade im Bereich der Nichtdurchführung vertraglicher Vereinbarungen gibt es viele Beispielsfälle, so den Wimbledon-Fall, in dem der StIG entschieden hat, daß die Reichsregierung durch das Verbot an den Frachter Wimledon, den Nord-Ostsee-Kanal zu passieren, den Versailler Vertrag in dessen Artikel 380[96] verletzt habe[97]. Auf die Tatsache, daß die Wimbledon Kriegsmaterial für Polen geladen hatte, und die damit verbundenen Neutralitätsfragen soll nicht eingegangen werden, da die Entscheidung der Mehrheit des Gerichts interessant ist, die ihre Entscheidung auf die Nichtdurchführung vertraglicher Vereinbarungen und damit auf eine Vertragsverletzung stützte.

Weitere Beispiele für die Nichtdurchführung vertraglicher Vereinbarungen sind die Nichtauslieferung von Kriminellen trotz eines entsprechenden Auslieferungsvertrages, die Verweigerung des Anlegens im Hafen gegenüber Schiffen, mit deren Flaggenstaat diesbezüglich ein Vertrag besteht (meist Handelsverträge)[98], die Nichtfreilassung von Kriegsgefangenen nach einem Friedensvertrag oder die Verweigerung des Zugangs von Inspektoren zur Kontrolle der Waffenbestände nach Abschluß eines Abrüstungsvertrages.

Als abschließendes Beispiel für eine Vertragsverletzung durch Nichtdurchführung von vertraglichen Vereinbarungen soll noch der Bruch der sino-amerikanischen Verträge von 1868 und 1880 durch die USA 1898 erwähnt werden. In diesen Verträgen war Chinesen, die nicht einfache Arbeiter waren, die Einreise in die USA gestattet worden. Im Jahre 1898 beschloß der Kongreß aber ein Gesetz, nach dem auch Kaufleute, Beamte und Ärzte zu einfachen Arbeitern erklärt und damit von der Einreisegenehmigung ausgeschlossen wurden[99]. Aufgrund dieses Gesetzes, das an sich schon einer Vertragsverletzung bedeutet (s. o.), verweigerten die amerikanischen Behörden Chinesen die Einreise, was eine Vertragsverletzung durch Nichtdurchführung der vertraglichen Vereinbarungen bedeutet.

---

96 Art. 380 Versailler Vertrag: „Le canal de Kiel et ses accès seront toujours libres et ouverts sur un pied de parfaite égalité aux navires de guerre et de commerce de toutes les nations en paix avec l'Allemagne."

97 PCIJ, Series A No. 1, S. 15, vom 17. 8. 1923.

98 *Mc Nair*, Law of Treaties, S. 540.

99 *Whitton*, La Règle „pacta sunt servanda", S. 228.

Zuletzt sei noch die Möglichkeit der Vertragsverletzung durch Abschluß eines neuen Vertrages erwähnt. Die Gefahr der Vertragsverletzung auf diesem Wege ist besonders in moderner Zeit recht groß geworden, da die vertraglichen Beziehungen sehr verzweigt sind und Staaten oft mit Mitgliedern verschiedener Machtblöcke in Vertragsbeziehungen stehen. So kann es leicht geschehen, daß in Nichtachtung eines Vertrages mit dem Staat A ein Vertrag über denselben oder einen ähnlichen Gegenstand mit dem Staat B geschlossen wird, der in den Regelungsbereich des ersten Vertrages eingreift, was dann eine Verletzung des ersten Vertrages bedeutet. Insbesondere kann dies in dem Fall geschehen, daß der neuabzuschließende Vertrag dem betreffenden Staat als besonders wichtig erscheint, so daß er selbst die Verletzung des ersten Vertrages und damit die Begehung eines völkerrechtlichen Delikts in Kauf nehmen will.

Zu diesem Komplex sei noch ein Beispielsfall angeführt. Durch Abschluß eines Vertrages mit den USA, des sogenannten Bryan-Chamarro-Vertrages, hatte Nikaragua einen bereits mit Salvador bestehenden Vertrag verletzt. Im Urteil des zentralamerikanischen Gerichtshofs in San José de Costa Rica vom 9. 3. 1917 wird gesagt, daß der Abschluß des zweiten Vertrages völkerrechtswidrig sei, da er eine Verletzung des ersten Vertrages mit Salvador bedeute, und daß Nikaragua daher eine Änderung des Vertrages mit den USA betreiben müsse[100].

Nachdem die wesentlichsten Möglichkeiten der Vertragsverletzung dargestellt worden sind, soll nun die Frage behandelt werden, von wem eine solche Vertragsverletzung begangen werden kann.

Eine Vertragsverletzung kann nur von dem Völkerrechtssubjekt, das den Vertrag geschlossen hat, begangen werden, denn nur dieses ist durch die durch den Vertragsschluß eingegangenen Verpflichtungen gebunden. Der Vertrag wird von einem Staat in Ausübung hoheitlicher Gewalt eingegangen, und so kann auch die Vertragsverletzung, also das deliktische Verhalten, nur in unmittelbarer oder mittelbarer Ausübung hoheitlicher Gewalt geschehen. Dies ist Voraussetzung für das Vorliegen eines völkerrechtlichen Deliktes[101] und damit auch der Vertragsverletzung.

Hoheitliche Gewalt wird grundsätzlich nur von Organen des Staates[102], also der Legislative, Jurisdiktion und Exekutive ausgeübt. Welches Organ den Unrechtstatbestand gesetzt hat, ist völkerrechtlich unerheblich[103], wesentlich ist allein, daß ein Organ gehandelt hat.

---

100 *Strupp*, Das völkerrechtliche Delikt, S. 209/210.

101 *v. Münch*, Das völkerrechtliche Delikt in der modernen Entwicklung der Völkerrechtsgemeinschaft, S. 138.

102 *Ago*, Le Délit International, S. 450.

103 *Kelsen*, Unrecht und Unrechtsfolge im Völkerrecht, S. 510.

Hier sollen nun nur einige Fälle der Vertragsverletzung erörtert werden; auf die Frage der Aktiv- und Passivlegitimation soll noch gesondert eingegangen werden.

Sehr häufig geschehen Vertragsverletzungen durch Handlungen der Exekutive[104] dadurch, daß Vertragsbestimmungen nicht durchgeführt werden oder Verwaltungsmaßnahmen erlassen werden, die dem Vertragszweck zuwiderlaufen. Dabei haftet der Staat nicht nur für die oberen Verwaltungsinstanzen, sondern auch für die untergeordneten[105], weil sie in der Verwaltungshierarchie durch die vorgesetzten Stellen kontrolliert werden, wodurch diese auch die Verantwortung übernehmen. Zu den Exekutivorganen gehört in den Ostblockstaaten auch die kommunistische Partei[106], und so wird allgemein der Generalsekretär der KPdSU als offizieller Vertreter der Regierung der UdSSR angesehen.

Ein Beispiel für Vertragsbruch durch die Exekutive stellt der britisch-sizilianische Schwefel-Fall aus dem Jahre 1838 dar. Die sizilianische Regierung hatte eine in einem mit Großbritannien geschlossenen Handelsvertrag enthaltene Meistbegünstigungsklausel dadurch verletzt, daß sie einer französischen Gesellschaft das Monopol für Ankauf und Export für allen in Sizilien produzierten Schwefel gewährte. Das im Jahre 1840 eingesetzte Schiedsgericht sah hierin eine Verletzung der Meistbegünstigungsklausel und damit des Handelsvertrages mit Großbritannien und verurteilte Sizilien zur Rechtsfolge der Wiedergutmachung[107].

Ein weiterer Beispielsfall für Vertragsverletzungen durch die Exekutive ist der Martini-Fall, der 1930 vom Schiedsgericht zwischen den Parteien Italien und Venezuela aufgrund eines Schiedskompromisses aus dem Jahre 1920 entschieden wurde[108]. Durch einen Vertrag vom 28. 12. 1898 hatte die Regierung Venezuelas mit dem italienischen Haus Lanzoni, Martini & Co. vereinbart, daß diese eine Eisenbahngesellschaft und Kohleminen betreiben und dafür eine jährliche Pacht zahlen und an Venezuela Kohlen für einen festgesetzten Preis liefern sollte. Während der Revolution im Jahre 1902 wurden italienische Arbeiter angegriffen und der Hafen, über den die Kohlen befördert wurden, blockiert, so daß die Firma ihren Verpflichtungen nicht mehr nachkommen konnte. Die Vertragsverletzung durch Venezuela ist darin zu

---

104 *v. Münch*, Das völkerrechtliche Delikt in der modernen Entwicklung der Völkerrechtsgemeinschaft, S. 199.

105 *Kelsen*, Unrecht und Unrechtsfolge im Völkerrecht, S. 513.

106 *v. Münch*, Das völkerrechtliche Delikt, S. 201.

107 *Whiteman*, Damages in International Law, Bd. II, S. 892.

108 Affaire Martini, Recueil des sentences arbitrales des Nations Unies, Vol. II, S. 975 ff.

sehen, daß nicht durch Exekutivorgane die Übergriffe auf die Italiener und ihre Besitzungen verhindert wurden. Italien war aufgrund der Ausübung diplomatischen Schutzes an dem Verfahren beteiligt, wodurch diese Streitigkeit und vor allem auch durch den Schiedskompromiß zwischen Italien und Venezuela, in dem die Prüfung der Vertragsverletzung vorgesehen war, völkerrechtlichen Charakter bekam.

Es können zahlreiche Möglichkeiten von Vertragsverletzungen durch die Exekutive dargestellt werden. Auf weitere theoretisch denkbare oder auch praktisch gewordene Fälle soll aber erst bei der Behandlung der Rechtsfolgen eingegangen werden.

Als weiteres Staatsorgan, durch das eine Vertragsverletzung begangen werden kann, kommt die Legislative in Betracht, die durch ihre Gesetzgebungskompetenz den Verträgen widersprechende nationale Gesetze erlassen kann, was eine wesentliche Möglichkeit zur Verletzung von Verträgen darstellt, oder die die in bereits ratifizierten Verträgen als notwendig vorgesehenen Gesetzesänderungen nicht durchführt, was ebenfalls eine Verletzung des betreffenden Vertrages bedeutet[109]. Jeder völkerrechtswidrige Akt, wozu auch die Vertragsverletzung gehört, der Gesetzgebung eines Staates stellt eine völkerrechtlichen Unrechtstatbestand dar und begründet damit die Haftung des Staates für sein völkerrechtswidrig handelndes Gesetzgebungsorgan[110]. Absolute Souveränität des Gesetzgebers ist nicht gegeben, was sich auch aus dem Chorzow-Urteil entnehmen läßt, wo es heißt: „Les lois nationales ... de simples faits, manifestations de la volonté et de l'activité des Etats, au même titre que les décisions judiciaires ou les mesures administratives[111].“ Auch die Gesetzgebung ist dem internationalen Recht unterworfen und darf diesem nicht durch völkerrechtswidrige Rechtsetzung widersprechen[112].

Als Beispielsfall für eine Vertragsverletzung durch den Gesetzgeber sei noch einmal der Fall des schweizerisch-französischen Zollabkommens (s. o.) von 1906 erwähnt, das im Jahre 1910 Frankreich durch Änderung der nationalen Zollgesetzgebung (Zollerhöhung um 50 %) gebrochen hatte[113]. Dies begründete nach Ansicht des Schiedsgerichts (Entscheidung 1912) die Haftung Frankreichs.

Ebenso handelt es sich auch im bereits erwähnten Chorzow-Fall um ein völkerrechtliches Delikt in Form der Verletzung des deutsch-

---

[109] *Guggenheim/Marek*, Vertrag; Strupp-Schlochauer, Wörterbuch, Bd. III, S. 538; *de Visscher*, La Responsabilité des Etats, S. 95.

[110] *Kelsen*, Unrecht und Unrechtsfolge im Völkerrecht, S. 511; *v. Münch*, Das völkerrechtliche Delikt in der modernen Entwicklung der Völkerrechtsgemeinschaft, S. 183.

[111] PCIJ, Series A, No. 7, S. 19.

[112] *Hoijer*, La Responsabilité Internationale, S. 62.

[113] *Whiteman*, Damages in International Law, Bd. III, S. 1833.

polnischen Oberschlesien-Abkommens vom 15. 5. 1922 durch Erlaß eines polnischen Liquidationsgesetzes und durch auf dieser Grundlage durchgeführte Enteignungen[114].

Ein weiterer Beispielsfall ist der ebenfalls bereits oben angeführte Fall des Art. 61 II WRV, der,zumindest nach Auffassung der Alliierten, den Versailler Friedensvertrag vom 28. 6. 1919 verletzte[115]. Da die Verfassung vom 11. 8. 1919 stammt, ist sie ein typisches Beispiel für ein nach dem Vertrag erlassenes Gesetz, das eine Vertragsverletzung und damit eine die Haftung begründende Völkerrechtswidrigkeit bedeutet; ein völkerrechtliches Delikt, begangen durch den Gesetzgeber.

Eine Vertragsverletzung durch die Legislative hätte auch das in dem oben angeführten Panama-Canal-Tolls-Fall vom amerikanischen Kongreß geplante Gesetz bedeutet[116], nach dem US-Schiffe die Kanalgebühren vom Staat ersetzt bekommen sollten, was einen Verstoß gegen den Vertrag von Hay-Pauncefote bedeutet hätte.

Vertragsverletzungen sind auch möglich durch die Rechtsprechungsorgane, sei es durch falsche Anwendung oder Nichtanwendung des Vertragsrechts, sei es durch Rechtsverweigerung (denial of justice, déni de justice) gegenüber Ausländern, mit deren Heimatstaaten entsprechende Verträge bestehen. Die Staaten können sich hierbei nicht auf die Unabhängigkeit der Gerichte berufen, denn diese bedeutet nur, daß die Gerichte vor Eingriffen durch die Exekutive geschützt sein sollen. Sie sind aber dennoch Organe des Staates und dem Völkerrecht unterworfen[117]. Da auch sie nur eine Art des Auftretens der „Gesamtheit" Staat bedeuten, nur ein Glied in diesem Gefüge darstellen, also dem Oberbegriff Staat untergeordnet sind, muß der Staat in seiner Gesamtheit auch für Fehlleistungen der Gerichte auf dem Gebiet des Völkerrechts haften[118]. Im internen Bereich kann der Staatsapparat zwar nicht gegen die Gerichte vorgehen, da sie unabhängig sind. Ihm bleibt nur die Möglichkeit der Gesetzesänderung oder des Gesetzeserlasses für die Zukunft. Im internationalen Bereich haftet der Staat aber dennoch, denn durch das Gericht handelt der Staat[119].

Im internationalen Bereich schlägt auch der Einwand der „res iudicata" nicht durch, denn das Völkerrecht geht insoweit dem internationalen Recht vor. Auch soweit eine Entscheidung formell rechts-

---

114 PCIJ, Series A, No. 7.

115 *Strupp*, Das völkerrechtliche Delikt, S. 210.

116 *Mc Nair*, Law of Treaties, S. 547/548.

117 *Kelsen*, Unrecht und Unrechtsfolge im Völkerrecht, S. 512; *v. Münch*, Das völkerrechtliche Delikt in der modernen Entwicklung der Völkerrechtsgemeinschaft, S. 210.

118 *Hoijer*, La Responsabilité Internationale, S. 59.

119 *Kelsen*, Unrecht und Unrechtsfolge im Völkerrecht, S. 513.

kräftig geworden ist, muß sie der Staat, sofern sie völkerrechtlichen Verpflichtungen widerstreitet, eventuell durch Gesetz, wieder aus der Welt schaffen[120]. Trotz der Tatsache, daß das internationale dem nationalen Recht vorgeht, wenden die Gerichte der meisten Staaten das nationale Recht an, auch wenn dies eine Vertragsverletzung bedeutet[121], weil die nationalen Rechtsanschauungen entweder das Völkerrecht nicht als unmittelbar anwendbar erklären oder die Gerichtsbarkeit primär dem nationalen Recht unterordnen.

Auch nach der Gerichtsentscheidung kann noch eine Vertragsverletzung durch die Gerichte in der Form des „déni de justice" begangen werden, etwa durch die Verweigerung der Ausführung (Vollstreckung) der Entscheidung[122].

Die Frage, ob eine Vertragsverletzung durch ein Rechtsprechungsorgan auch schon dann vorliegt, wenn das Gericht einen Vertrag falsch auslegt, muß bejaht werden. Dies geht aus der Entscheidung im Van-Bokkelen-Fall hervor, in dem entgegen einem Vertrag zwischen den USA und Haiti aus dem Jahre 1864, in dem „freier Zugang zu den Gerichten unter denselben Bedingungen wie für Staatsangehörige" vereinbart war, ein amerikanischer Bürger von Haiti in Schuldhaft genommen worden war und ihm nicht die für Bürger von Haiti gegebene Auslösungsmöglichkeit gewährt wurde. Die gerichtliche Entscheidung, aufgrund derer die Inhaftierung erfolgt war, wurde als irrtümliche Auslegung des Vertrages angesehen, womit aber nicht die Haftung Haitis ausgeschlossen wurde[123]. Vielmehr bietet dieser Fall gerade ein klares Argument gegen die Auffassung, daß staatliche Verantwortlichkeit nicht begründet wird aufgrund einer Gerichtsentscheidung, die in irrtümlicher Auslegung eines internationalen Abkommens ergeht[124].

Zu demselben Ergebnis kommt auch der StIG, der im Lotus-Fall-Urteil darauf hingewiesen hat, daß die Tatsache, daß Gerichte einen Irrtum in der rechtlichen Beurteilung eines bestimmten Falles begehen, im allgemeinen zwar nur das nationale Recht berührt, aber in dem Moment, in dem dadurch Vertragsvorschriften betroffen werden, auch eine internationale Verantwortlichkeit entsteht[125].

---

120 *Strupp*, Das völkerrechtliche Delikt, S. 210.

121 *Whitton*, La Règle „pacta sunt servanda", S. 229: „la loi est préféré au traité".

122 *Hoijer*, La Responsabilité Internationale, S. 71.

123 *Freeman*, The International Responsibility of States for Denial of Justice, S. 293.

124 *Freeman*, International Responsibility, S. 295.

125 PCIJ, Series A, No. 10 vom 7. 9. 1927; *Freeman*, International Responsibility, S. 316.

Der Grundsatz, daß ein Staat auch haftet, wenn eines seiner Gerichte irrtümlich eine Völkerrechtsnorm verletzt hat, wird auch im Urteil des Schiedsrichters F. v. Martens im Costa-Rica-Packet-Fall vom 13. 2. 1897 bestätigt[126].

Als letzte Frage in diesem Abschnitt bleibt nun noch zu erörtern, inwieweit unter Umständen auch das Handeln von Privaten eine Vertragsverletzung bedeuten und somit eine Haftung des Staates begründen kann. Dies ist auf jeden Fall zu bejahen, wenn der Staat von einem Verhalten Kenntnis hat, das im Widerspruch zum Vertrage steht, und die Auswirkungen nicht verhindert durch Eingreifen gegenüber dem einzelnen[127]. Diese Verpflichtung ergibt sich eindeutig aus dem Grundsatz von Treu und Glauben, nach dem die Staaten als Vertragspartner verpflichtet sind, Vertragsverletzungen zu verhindern. Die Vertragsverletzung liegt also nicht in dem Verhalten des Individuums, sondern in einer Unterlassung der Aufsicht durch den Staat[128].

Grundsätzlich kann eine Vertragsverletzung nur vom Staat, seinen Organen oder anderen von ihm autorisierten Personen begangen werden. Der Staat ist lediglich verpflichtet, alle notwendigen Maßnahmen zu treffen, um auch seine Staatsangehörigen an einem Verhalten zu hindern, das im Widerspruch zum Vertrage steht. Unterläßt er dies, so liegt darin ein Vertragsbruch[129]. McNair führt dazu aus, daß dann, wenn der Staat alle Maßnahmen getroffen habe und dennoch einer seiner Staatsangehörigen den Vertrag verletze, keine Vertragsverletzung seitens des Staates vorliege[130]. Meines Erachtens hat der Staat aber zumindest gegen den einzelnen vorzugehen und die zukünftige Vertragseinhaltung sicherzustellen. Sonst kann in diesem Unterlassen wiederum eine Vertragsverletzung gesehen werden. Außerdem dürfte bei einem vertragswidrigen Verhalten eines Individuums auch eine Vermutung dafür bestehen, daß vom Staat nicht die erforderlichen Maßnahmen zur Verhinderung von Vertragsverletzungen getroffen worden sind.

Abschließend kann also gesagt werden, daß in einer „Vertragsverletzung“ durch ein Individuum allein eine Vertragsverletzung durch den Staat durch Unterlassen der Aufsicht gesehen werden kann.

---

126 *Martens*, N. R. G., 2., Bd. 23, S. 48, 808; *Thomas*, Costa-Rica-Packet-Fall, Strupp-Schlochauer, Wörterbuch, Bd. I, S. 301.

127 *Kelsen*, Unrecht und Unrechtsfolge im Völkerrecht, S. 515; *Ago*, Le Délit International, S. 475.

128 *v. Münch*, Das völkerrechtliche Delikt in der modernen Entwicklung der Völkerrechtsgemeinschaft, S. 98.

129 *Mc Nair*, Law of Treaties, S. 551.

130 *Mc Nair*, Law of Treaties, S. 551.

§ 7 Ab wann ist eine Vertragsverletzung möglich?

Nachdem wir festgestellt haben, welche hauptsächlichen Möglichkeiten der Vertragsverletzung es gibt und von wem diese begangen werden kann, bleibt nun noch zu untersuchen, ab wann eine Vertragsverletzung begangen werden kann, ob bereits nach Unterzeichnung des Vertrages oder erst nach dessen Ratifizierung.

Im Art. 18 der Wiener Vertragskonvention ist zu diesem Problem unter der Überschrift „Obligation not to defeat the object and purpose of a treaty prior to its entry into force“ gesagt: "A State is obliged to refrain from acts which would defeat the object and purpose of a treaty when: a) it has signed the treaty or has exchanged instruments constituting the treaty subject to ratification, acceptance or approval, until it shall have made its intention clear not to become a party to the treaty; or b) it has expressed its consent to be bound by the treaty, pending the entry into force of the treaty and provided that such entry into force is not unduly delayed."

Dies bedeutet, daß der Vertragspartner verpflichtet ist, dem Vertragszweck nicht entgegenzuwirken, auch wenn der Vertrag noch nicht ratifiziert ist, es sei denn, er erklärt, daß er nicht mehr Vertragspartei sein will, oder er hat seine Zustimmung zur Bindung durch den Vertrag abhängig gemacht vom Inkrafttreten des Vertrages, falls diese nicht unverhältnismäßig verzögert wird. Eine gewisse Bindungswirkung ergibt sich also nach der Wiener Vertragskonvention bereits aus der Vertragsunterzeichnung.

Durch die Vertragsunterzeichnung wird zwar ein Vertrauenstatbestand gesetzt, der einen gewissen Schutz verdient, aber es erscheint doch bedenklich, an die Verletzung des Vertragszweckes eines noch nicht ratifizierten Vertrages Rechtsfolgen zu knüpfen, die über den moralischen Anspruch des Nicht-dem-Vertragszweck-Entgegenwirkens hinausgehen. Die einzige Wirkung eines solchen Verhaltens dürfte wohl darin bestehen, daß man daraus das Bestreben des Vertragspartners entnehmen kann, nicht mehr an die vertraglich übernommene Verpflichtung gebunden zu sein, womit dann der Vertrag, zumindest gegenüber dem „Verletzer“, als nicht mehr existent anzusehen ist.

Weitere Rechtsfolgen als die der Irrelevanz des Vertrages dürften sich wohl kaum aus der Verletzung des nichtratifizierten Vertrages ergeben. Insbesondere ist eine Erfüllungspflicht nicht denkbar, denn die Zeit zwischen Unterzeichnung und Ratifizierung soll gerade dem Zweck dienen, daß sich die Vertragspartner noch einmal in Ruhe mit den Vertragsbestimmungen befassen und den Vertrag den zuständigen Verfassungsorganen zur Zustimmung vorlegen können. Wenn die

Pflicht, bereits nach Unterzeichnung dem Vertragszweck nicht mehr entgegenzuwirken, so weit ginge, daß sie eine Erfüllungsverpflichtung beinhaltete, so wäre damit die Ratifizierung, die ja gerade den nationalen Verfassungsorganen die Möglichkeit der Vertragsprüfung geben soll, und die erst, auch nach der Wiener Vertragskonvention, zum endgültigen Wirksamwerden des Vertrages führt, ihres Sinnes beraubt und damit eine Verpflichtung zur Vertragserfüllung bereits nach Unterzeichnung gegeben. Ebenso wäre es mit einer an die bereits vor Ratifizierung erfolgte „Vertragsverletzung" geknüpften Schadensersatzpflicht. Auch diese ist abzulehnen, da sie einen indirekten Zwang auf den Staat ausübt, den Vertrag zu ratifizieren. Denn das Nichtratifizieren müßte dann auch als Vertragsverletzung angesehen werden, wenn er der Schadensersatzpflicht entgehen will.

Wie oben ausgeführt, können Rechtsfolgen nur an ein völkerrechtliches Delikt geknüpft sein. Auch die Vertragsverletzung stellt ein solches Delikt dar, denn sie bedeutet eine Verletzung des völkerrechtlichen Grundsatzes „pacta sunt servanda". „Pacta sunt servanda" setzt aber einen Vertrag voraus, der in Kraft getreten ist, der also bereits ratifiziert ist, und dessen Ratifikationsurkunden ausgetauscht oder hinterlegt worden sind. Dies ist selbstverständlich, denn es sollen nur in Kraft befindliche Verträge, auch nach der Wiener Vertragskonvention, dem Zwang der Einhaltung unterliegen. Wenn aber „pacta sunt servanda" nur für ratifizierte Verträge gilt und nur die Verletzung dieses Satzes eine Vertragsverletzung und damit ein Rechtsfolgen nach sich ziehendes Delikt bedeutet, kann die Verletzung noch nicht ratifizierter Verträge keine Vertragsverletzung bedeuten, die Rechtsfolgen, außer der Auflösung des Vertrages, nach sich ziehen kann, insbesondere nicht den direkten oder indirekten Zwang zur Vertragserfüllung.

Dem Art. 18 der Wiener Vertragskonvention kommt also nur geringe Bedeutung zu. Aus dem eben Gesagten ergibt sich, daß eine Fehldeutung der bestehenden Rechtslage vorliegt, wenn eine Regierung schon nach Unterzeichnung des Vertrages besorgt ist, den Vertrag unbedingt zur Ratifizierung mit allen Mitteln zu bringen, in der Befürchtung, die Nicht-Ratifizierung könnte als Vertragsverletzung angesehen werden und Rechtsfolgen nach sich ziehen. Eine derartige Auffassung bedeutet eine völlige Verkennung der völkerrechtlichen Lage. Werden von einem starken Vertragspartner gegenüber einem schwächeren, der den Vertrag nicht ratifiziert hat, für diese „Vertragsverletzung" Rechtsfolgen gesetzt, zum Beispiel Repressalien geübt, um ihn zur Vertragsratifizierung zu zwingen, so ist in diesem Verhalten das völkerrechtliche Delikt zu sehen. Denn der Partner hat im Rahmen seiner Rechte gehandelt und keine Rechtsfolgen begründende Vertragsverletzung begangen. Durch die Unterzeichnung wird lediglich die Verpflichtung übernommen, den Vertrag den zuständigen Organen zur weiteren Behandlung vorzulegen und den Vertragszweck nicht von vornherein vorsätzlich zu gefährden.

Grundsätzlich ist eine Rechtsfolgen auslösende Vertragsverletzung also immer erst nach Ratifizierung des Vertrages möglich und Art. 18 der Wiener Vertragskonvention daher zu weitgehend[131].

§ 8 Rechtfertigungsgründe/Beendigungsgründe

Nach der Darstellung des Tatbestandes der Vertragsverletzung muß nun die Frage behandelt werden, aus welchen Gründen eine Vertragsverletzung als gerechtfertigt und damit als rechtmäßig erscheinen kann und damit dann keine Rechtsfolgen nach sich zieht[132], da ein Delikt nur bei Rechtswidrigkeit vorliegt[133]. Als Rechtfertigungsgründe werden hier auch die Beendigungsgründe bezeichnet, denn bei ihrem Vorliegen ist die einseitige Aufhebung des Vertrages als nicht rechtswidrig anzusehen. Wenn in diesem Zusammenhang von einer Vertragsverletzung gesprochen wird, so ist damit allein die objektive Nichterfüllung der vertraglichen Vereinbarungen gemeint. Im Art. 61 der Wiener Vertragskonvention ist als Rechtfertigungsgrund für den Rücktritt vom Vertrag, der ja, wenn er ohne Zustimmung der Vertragspartner geschieht, eine Vertragsverletzung darstellt, die Unmöglichkeit der weiteren Durchführung des Vertrages erwähnt, und in Art. 62 WVK die grundlegende Änderung in den Umständen. Weitere Rechtfertigungsgründe sind nicht genannt. Aus der Erwähnung dieser beiden Institutionen in der Wiener Vertragskonvention läßt sich aber der Schluß ziehen, daß es auch im Völkervertragsrecht grundsätzlich die Möglichkeit der gerechtfertigten Nichterfüllung von Vertragspflichten geben soll. Art. 61 und 62 WVK sollen noch unten bei der Behandlung der einzelnen Rechtfertigungsgründe näher besprochen werden.

Bei der Frage nach Rechtfertigungsgründen für eine Vertragsverletzung ist davon auszugehen, daß im Völkerrecht eine Vermutung gegen die Rechtmäßigkeit der Vertragsbeendigung durch einseitiges im Vertrag selbst nicht vorgesehenes Vorgehen einer Partei besteht[134]. Dieser Grundsatz ergibt sich auch aus der Erklärung des Londoner

---

[131] Siehe im übrigen *Bernhardt*, ZaöRV, Bd. 18, S. 652 ff.; *Morvay*, ZaöRV, Bd. 27, 3, S. 451 ff.

[132] *Schüle*, Wiedergutmachung, Strupp-Schlochauer, Wörterbuch, Bd. III, S. 843; *Verdross*, Lehrbuch des Völkerrechts, S. 411; *de Visscher*, La Responsabilité des Etats, S. 107.

[133] *Schüle*, Delikt, Strupp-Schlochauer, Wörterbuch, Bd. I, S. 329.

[134] *Mc Nair*, Law of Treaties, S. 351.

Protokolls von 1871[135]. Die Rechtfertigung bedarf also besonderer Gründe, an die strenge Anforderungen zu stellen sind. Denn durch ein großes Spektrum von relativ leicht erreichbaren Rechtfertigungsgründen würde die Vertragseinhaltung seltener und der Vertragsbruch erleichtert.

Die allgemeine Rechtsüberzeugung, daß eine Vertragsverletzung aus bestimmten noch zu behandelnden Gründen gerechtfertigt sein kann und dann keine Rechtsfolgen nach sich zieht, ergibt sich insbesondere auch aus der Praxis der Staaten, denn ein vertragsbrüchiger Staat rechtfertigt sich immer mit juristischen und moralischen Erklärungen, um damit die Rechtmäßigkeit seines Handelns nachzuweisen und der allgemeinen Verurteilung und den Rechtsfolgen zu entgehen[136].

Aus der Tatsache, daß in manchen Verträgen vereinbart ist, selbst bei rechtmäßigem Vertragsbruch werde ein Ausgleich aus Billigkeitsgründen geschuldet[137], läßt sich nicht entnehmen, daß grundsätzlich auch bei gerechtfertigter Vertragsverletzung Wiedergutmachung zu leisten sei, denn eine solche Vereinbarung bedeutet nur ein Entgegenkommen der beteiligten Parteien, das über das völkerrechtlich zu Fordernde hinausgeht.

1. Einwilligung

Als erster spezieller Rechtfertigungsgrund soll die Einwilligung zur Vertragsverletzung durch den betroffenen Staat behandelt werden. Die Einwilligung ist insbesondere denkbar bei einem an und für sich nicht vorgesehenen oder aus sonstigen Gründen rechtswidrigen Rücktritt oder einer Kündigung des Vertrages. Wohl kaum wird es sie geben bei einer Vertragsverletzung, die einen irgendwie gearteten materiellen oder sonstigen Schaden nach sich zieht. Die Einwilligung als Rechtfertigungsgrund hat grundsätzlich ihren Platz auch im Völkerrecht[138], denn die Staaten sind frei, über ihnen zustehende Rechte zu verfügen, auf sie zu verzichten und deren Verletzung hinzunehmen. Dies ergibt sich aus ihrer Souveränität.

Die Einwilligung muß vor der Verletzungshandlung abgegeben worden sein[139], denn Rechtmäßigkeit eines Verhaltens ist nur dann anzu-

135 „Les Puissances reconnaissent que c'est un principe essentiel du droit des gens qu'aucune d'elle ne peut se délier des engagement d'un traité ni en modifier les stipulations qu'à la suite de l'assentiment des Parties contractantes au moyen d'une entente amicale."

136 *Whitton*, La Règle „pacta sunt servanda", S. 228/231.

137 *Schüle*, Delikt, Strupp-Schlochauer, Wörterbuch, Bd. I, S. 329.

138 *Ago*, Le Délit International, S. 533.

139 *Ago*, Le Délit International, S. 534.

nehmen, wenn der Verletzer den Rechtfertigungsgrund kannte. Es muß also ein subjektives Rechtfertigungselement beim rechtsbrüchigen Staat vorhanden sein. Eine nachträglich geäußerte „Einwilligung" seitens des verletzten Staates bedeutet keine Rechtfertigung für den Vertragsbrecher, sondern lediglich einen Verzicht auf bestehende Ansprüche seitens des geschädigten Staates[140].

Die Einwilligung bedeutet nur dann einen Rechtfertigungsgrund, wenn ihre Abgabe frei von Mängeln erfolgt, das heißt, sie darf nicht aufgrund einer Täuschung oder eines Irrtums oder aufgrund von sonstigen Willensmängeln erfolgen[141]. Auch dies ergibt sich wieder aus dem Erfordernis der Kenntnis des Verletzerstaates von dem Rechtfertigungsgrund. Wenn er die Einwilligung nur durch eine Täuschung des Partners erhält, weiß er, daß die Einwilligung nicht dem wahren Willen des Geschädigten entspricht. Ihm fehlt also das subjektive Rechtfertigungsbewußtsein, das zum äußeren Vorliegen des Rechtfertigungsgrundes hinzutreten muß, um die tatbestandsmäßig vorliegende Vertragsverletzung zu rechtfertigen.

Eine mutmaßliche Einwilligung ist im Bereich des Völkerrechts abzulehnen[142], da diese einen zu großen Unsicherheitsfaktor bedeuten würde. Das mutmaßliche Interesse eines Staates ist aus der Perspektive eines anderen Staates schwer zu beurteilen. Dies würde zu langen Streitigkeiten zwischen den Staaten und zu kaum befriedigenden Ergebnissen führen. Aus Gründen der Rechtssicherheit ist also die mutmaßliche Einwilligung als Rechtfertigungsgrund abzulehnen.

Die Formen, in denen die Einwilligung erklärt werden kann, sind beliebig. Es kann ausdrücklich oder konkludent geschehen[143].

2. Notwehr

Die Notwehr als Rechtfertigungsgrund für deliktisches Verhalten ist im Völkerrecht allgemein anerkannt[144]. Fraglich ist aber, ob sie auch bei der Vertragsverletzung denkbar ist. Die Notwehr besteht grundsätzlich aus einer gewaltsamen Verteidigungshandlung, die eine Ausnahme von dem generellen Gewaltverbot bedeutet[145], und die nur dann zulässig ist, wenn ein rechtswidrig vorgenommener bewaffneter Angriff zurückgeschlagen werden muß. Eine Vertragsverletzung in Form eines bewaffneten Angriffs dürfte relativ selten sein, ist aber immer-

---

140 *Ago*, Le Délit International, S. 534.
141 *Ago*, Le Délit International, S. 534.
142 *Ago*, Le Délit International, S. 535.
143 *Ago*, Le Délit International, S. 535.
144 *Verdross*, Lehrbuch des Völkerrechts, S. 429 ff.
145 *Ago*, Le Délit International, S. 538.

hin denkbar. So bedeutet der Bruch eines Waffenstillstandsabkommens oder eines Friedensvertrages durch erneuten bewaffneten Angriff auch eine Vertragsverletzung. Die als Reaktion darauf durchgeführte bewaffnete Verteidigung bedeutet zwar auch eine Verletzung des formell noch bestehenden Vertrages, die aber durch Notwehr gerechtfertigt ist. Die Vertragsverletzung tritt jedoch hinter der Verletzung des generellen völkerrechtlichen Gewaltverbots zurück, die die eigentliche Rechtfertigung für die Notwehrhandlung gibt. Da Notwehr nur gegen bewaffnete Angriffe zulässig ist, gilt diese Rechtfertigung für die Vertragsverletzung immer neben der bedeutenderen Rechtfertigung im Verhältnis zur Begehung des völkerrechtlichen Delikts der Kriegführung. Eine spezielle vertragsrechtliche Problematik tritt hier also nicht auf.

3. Notstand/Selbsterhaltung

Ein weiterer Umstand, der völkerrechtswidriges Verhalten und damit auch eine Vertragsverletzung rechtfertigen kann, ist der Notstand, auch Selbsterhaltungsrecht genannt[146]. Eine durch Notstand gerechtfertigte Handlung liegt dann vor, wenn eine unverschuldete, dringende und unmittelbare Not gegeben ist, die durch kein anderes, weniger einschneidendes Mittel abgewendet werden kann[147]. Diese strengen Voraussetzungen ziehen der Anwendung des Notstandes enge Grenzen, wodurch ein Mißbrauch dieser Ausnahmeregelung verhindert werden soll. Das Notstandsrecht umfaßt nach der oben aufgeführten Definition auch die Befugnis, in den Rechts- und Interessenbereich anderer Staaten einzudringen. Daher muß das Verhalten rechtlich beurteilt werden in einer Abwägung zwischen dem Lebensinteresse des einzelnen Staates und dem Interesse der Staatengemeinschaft an der Wahrung des Friedens und der Rechtssicherheit[148].

Nach Kelsen hingegen ist es zumindest sehr zweifelhaft, ob es im zwischenstaatlichen Bereich überhaupt ein Notstandsrecht gibt[149]. Als Begründung führt er aus, daß sich zwar in vielen völkerrechtlichen Deliktsfällen der rechtbrechende Staat auf Notwehr berufen habe[150], hieraus sich aber noch keine Rechtsüberzeugung ableiten lasse, da eine solche Berufung nur aus eigennützigen Gründen erfolge und nicht

---

[146] *Kelsen,* Unrecht und Unrechtsfolge im Völkerrecht, S. 564.

[147] *Verdross,* Lehrbuch des Völkerrechts, S. 412/413.

[148] *Partsch,* Selbsterhaltungsrecht, Strupp-Schlochauer, Wörterbuch, Bd. III, S. 255.

[149] *Kelsen,* Unrecht und Unrechtsfolge im Völkerrecht, S. 565 f.

[150] Mit Notstand wurden zum Beispiel die Teilungen Polens, die dauernde Verletzung der Neutralität Belgiens und Luxemburgs 1914 und der Einmarsch Hitlers im Sudetenland, Polen, Belgien und Luxemburg gerechtfertigt. *Hoijer,* Les Traités Internationaux, S. 541.

erwiesen sei, daß der Staat in einem ähnlichen Fall einem dritten Staat auch das Notstandsrecht konzidieren würde. Insgesamt sei also, solange keine objektive Instanz zur Feststellung des Unrechtstatbestandes berufen sei, der Notstand ein sehr fragwürdiges und leicht zu mißbrauchendes Instrument. Dies ist sicherlich praktisch in vielen Fällen richtig, läßt sich aber vor allem mit der fehlenden Kontrollinstanz im Völkerrecht begründen, und führt nicht etwa zu dem Ergebnis, daß es den Rechtfertigungsgrund des Notstandes nicht geben könne, da er häufig zu Unrecht geltend gemacht werde. Denn diese Begründung entspräche der, die besagt, das Völkerrecht stelle überhaupt keine Rechtsordnung dar, da es an der Durchsetzbarkeit im allgemeinen fehle, und wäre ebenso fehlerhaft. Denn eine Rechtsordnung hängt nicht nur von ihrer Durchsetzbarkeit ab und ein Gesetz verliert seine rechtliche Verbindlichkeit nicht dadurch, daß es in vereinzelten Fällen gebrochen wird[151].

Gerade um den Fällen des Mißbrauchs des Notstandsrechts vorzubeugen, sind die strengen, oben aufgeführten Regeln aufgestellt worden. Sie garantieren zwar keine Kontrolle und Durchsetzbarkeit, aber das ist bei den meisten Bestimmungen des Völkerrechts ebenfalls nicht der Fall. Entgegen denen, die die Anwendung des Notstandes im Völkerrecht ablehnen, weil er ihrer Meinung nach zu vage sei, kann man sie bejahen, wenn man strenge Anforderungen stellt[152].

Ähnlich wie Kelsen argumentiert auch Hoijer. Er schreibt[153]: „Die Konzeption eines Notstandsrechts bedeutet einen begrifflichen Widerspruch. Tatsächlich ist der Notstand die Nötigung ohne Recht. Mit anderen Worten, man erhebt das Recht gegen sich selbst, was einen logischen Unsinn darstellt. Ein Notstandsrecht zugestehen heißt die Tatsache mit dem Recht verwechseln, das heißt zu Unrecht zu glauben, der Notstand, eine reine Tatsache, schaffe ein echtes neues Recht, das dem anerkannten und angewandten Recht vorgeht. Wenn man tatsächlich unter bestimmten außergewöhnlichen Umständen gewisse notwendige Akte zulassen könnte, ist es wichtig, hierin nicht eine Rechtsausübung zu sehen, sondern sich darüber klar zu werden, daß es sich um einen Rückgriff auf die Gewalt außerhalb der Rechtsordnung handelt. Zweitens öffnet man dadurch, daß man zuläßt, daß der Notstand ein neues höheres Recht erzeugt, die Tore für die Willkür der Staaten für alle Abirrungen des Imperialismus und für alle subjektiven Irrtümer des Individuums. Der Notstand bedeutet einen bequemen Vorwand für Unternehmungen der Gewalt und Macht und Willkür.“ Diese Auffassung hat sicherlich, insbesondere, wenn man die Praxis be-

[151] Siehe z. B. *Seidl-Hohenveldern*, Völkerrecht, S. 5/6.
[152] *Ago*, Le Délit International, S. 544.
[153] *Hoijer*, Les Traités Internationaux, S. 523.

rücksichtigt, vieles für sich. Sie geht aber doch zu stark von machtpolitischen Gesichtspunkten aus. Bei der Behandlung des Notstandsrechts muß berücksichtigt werden, daß die Abwendung einer Notstandssituation auch ohne Waffengewalt möglich sein kann. Insbesondere die Vertragsverletzung bedeutet im allgemeinen keine kriegerische Maßnahme, die mit Waffengewalt vorgenommen wird. Aber auch hier sind Fälle denkbar, in denen ein Vertrag gebrochen wird, um eine Notstandssituation abzuwenden. Und gerade in solchen Fällen wird man zugeben müssen, daß dem Staat seine eigenen Interessen unter derart extremen Bedingungen gegenüber denen eines anderen Staates vorgehen. Als Beispiel sei ein Problem der Gegenwart aufgeführt. Man stelle sich vor, daß ein Staat, der sowohl Öl produziert als auch importiert, Exporte seines eigenen Öls durchführt, zum Beispiel, weil es von besserer Qualität ist. Diesem Staat gegenüber stellt der Zulieferer unvertretbar sämtliche Lieferungen ein, so daß er allein auf sein eigenes Öl angewiesen ist. Die Erfüllung seiner Exportverträge würde seine eigene Wirtschaft aufs stärkste gefährden, unter Umständen völlig ruinieren und zu einer 20 %igen Arbeitslosigkeit führen. Ein solcher Fall ist sicherlich als ein nationaler Notstand anzusehen, der auch unverschuldet und unmittelbar ist. Dem betroffenen Staat wird man nun das Recht zubilligen müssen, die Exportverträge nicht mehr zu erfüllen, also eine Vertragsverletzung zu begehen, um seine eigene Wirtschaft zu retten. Dies wäre dann ein typischer Fall einer Rechtfertigung einer Vertragsverletzung durch Notstand. Im Grunde geht es hier um den alten Begriff des „droit d'existence".

Die Berufung auf Notstand kann also auch ihre Berechtigung haben und bedeutet nicht nur eine Willkürmaßnahme der Staaten; es müssen nur entsprechend strenge Anforderungen gestellt werden. Daß eine konkrete Beurteilung in der Praxis schwer ist, spricht noch nicht gegen die rechtstheoretische Bejahung der Anwendung dieses Rechtsinstituts.

Auch die Annahme, daß mit der Anwendung des Notstandsrechts das Recht gegen sich selbst gekehrt werde, erscheint unzutreffend. Im innerstaatlichen Recht ist allgemein anerkannt, daß ein tatbestandmäßig rechtswidriges Verhalten gerechtfertigt und damit sanktionslos bleiben kann. Und auch der Notstand ist als ein solcher Rechtfertigungsgrund anerkannt (zumindest der zivilrechtliche Notstand). Den Notstand als ein Recht anzusehen, das einer Rechtsverletzung ihren rechtswidrigen Charakter nimmt, heißt nicht, ein Recht gegen das andere kehren. Vielmehr ist darin, ebenso wie in jedem anderen Recht, eine Ergänzung zu der in ihren Auswirkungen oft zu harten Tatbestandsnorm zu sehen. Es geht also um die Grenze der Zumutbarkeit im Hinblick auf die Existenzerhaltung. Auch das Argument, daß hier aus einer tatsächlichen Gegebenheit ein Recht gemacht werde, ist nicht einleuchtend, denn auch bei der Notwehr wird aus der tatsächlichen Situation des Angriffs das Recht auf eine gerechtfertigte Rechtsverletzung, nämlich die Gegenwehr, abgeleitet. Daß die aus dem Notstand resultierende Handlung gerade einen Unbeteiligten trifft, bedeutet nur einen weiteren Schritt.

Insgesamt mag die Auffassung von Hoijer, daß der Notstand keine Rechtfertigung gebe, nicht zu überzeugen. Voraussetzung ist aber natürlich immer, daß die Notstandssituation unverschuldet und auf andere Weise nicht abwendbar ist.

Besonders wichtig ist, daß die besonders schwere und unmittelbare Gefahr vom Betroffenen nicht verschuldet sein darf[154], denn nur dann steht er der Notsituation überrascht und hilflos gegenüber, während es im Falle des Verschuldens unzumutbar ist, anderen Staaten die Folgen des Fehlverhaltens eines Staates aufzubürden.

Hat ein Staat aufgrund des Notstandes eine Vertragsverletzung begangen, so ist er aber doch verpflichtet, das Opfer der Verletzungshandlung sobald als möglich zu entschädigen[155]. Dies ergibt sich daraus, daß das Opfer kein Verschulden an der Notstandssituation trifft. Es ist vielmehr unbeteiligter Dritter und ist daher nicht verpflichtet, Einschränkungen über die Notstandssituation hinaus hinzunehmen.

Eine Gewaltmaßnahme aufgrund inneren Notstandes gegen einen dritten Staat erscheint wegen des Gewaltverbots der UN-Charta und des Kellogg-Paktes als rechtswidrig. Gewaltanwendung ist nur im Falle der Notwehr zulässig, während Notstandsmaßnahmen sich gerade auch auf gewaltlose Eingriffe erstrecken, wie das obige Ölbeispiel zeigt.

4. Unmöglichkeit/Unvermögen

Gemäß Art. 61 der Wiener Vertragskonvention[156] hat eine Partei das Recht, die Beendigung eines Vertrages zu verlangen oder zurückzutreten, wenn es ihr unmöglich ist, diese Vertragsverpflichtung weiter zu

---

154 *Ago*, De Délit International, S. 540.

155 *Verdross*, Lehrbuch des Völkerrechts, S. 413.

156 Art. 61 WVK lautet: Supervening impossibility of performance: "1. A party may invoke the impossibility of performing a treaty as a ground for terminating or withdrawing from it if the impossibility results from the permanent disappearance or destruction of an object indispensable for the execution of the treaty. If the impossibility is temporary, it may be invoked only as a ground for suspending the operation of the treaty. 2. Impossibility of performance may not be invoked by a party as a ground for terminating, withdrawing from or suspending the operation of a treaty if the impossibility is the result of a breach by that party either of an obligation under the treaty or of any other international obligation owed to any other party to the treaty."

erfüllen. Eine Berufung auf Unmöglichkeit ist dann zulässig, wenn eine Sache, die unerläßlich für die Vertragsdurchführung ist, für immer verschwunden oder zerstört ist. Zeitweise Unmöglichkeit soll dagegen nur als Grund für eine Suspendierung des Vertrages angesehen werden. Nach Abs. 2 des Art. 61 WVK ist eine Berufung auf Unmöglichkeit dagegen nicht zulässig, wenn die Unmöglichkeit das Ergebnis einer Vertragsverletzung oder einer sonstigen Völkerrechtswidrigkeit ist.

Durch die Wiener Vertragskonvention wird also die Unmöglichkeit als Rechtfertigungsgrund für eine Vertragsverletzung grundsätzlich anerkannt. Sie bezieht zwar die Unmöglichkeit nur auf den Rücktritt beziehungsweise auf die Kündigung. Dies sind aber auch die Vertragsbrüche, die aufgrund von Unmöglichkeit denkbar sind. Denn allein dadurch ist dem Staat, dem die weitere Erfüllung der Vertragsbestimmungen unmöglich erscheint, gedient.

Aus der Vertragskonvention ergibt sich nicht, welche Arten der Unmöglichkeit denkbar sind und unter welchen Voraussetzungen man sie annehmen kann. Dahm unterscheidet zwischen der anfänglichen und der nachträglichen Unmöglichkeit. Die anfängliche Unmöglichkeit bedeutet, daß ein Vertrag geschlossen wird, dessen Erfüllung bereits bei Abschluß unmöglich ist. Sie führt zur Gegenstandslosigkeit des Vertrages[157], was allgemein anerkannt ist. Die nachträgliche Unmöglichkeit bedeutet, daß der Grund für die Unmöglichkeit erst nach Vertragsabschluß eingetreten ist. Dieser Grund kann objektiver (eine Person, deren Auslieferung vertraglich vereinbart ist, stirbt) oder rechtlicher (nach Inkrafttreten eines Vertrages entwickelt sich zwingendes Völkerrecht, zu dem die Erfüllung des Vertrages in Widerspruch stünde) Natur sein[158]. Auch hier besteht Einvernehmen darüber, daß die nachträgliche Unmöglichkeit einen Rechtfertigungsgrund für eine Vertragsverletzung darstellen kann[159].

Bei der Frage nach den Voraussetzungen für die Annahme einer Unmöglichkeit ergibt sich, daß nach allgemeiner Auffassung strenge Anforderungen an das Vorliegen dieses Instituts zu stellen sind, daß die Unmöglichkeit absolut sein muß[160], damit sie nicht einen Vorwand für vertragsmüde Staaten bietet, um auf leichte, wenn auch illegale Art und Weise sich den vertraglichen Verpflichtungen entziehen zu

---

157 *Dahm*, Lehrbuch des Völkerrechts, S. 59 ff.

158 *Dahm*, Lehrbuch des Völkerrechts, S. 140. Dies ist bezüglich des sich später entwickelnden zwingenden Völkerrechts auch ausdrücklich in Art. 64 WVRK gesagt.

159 *Schweisfurth*, Der Internationale Vertrag in der modernen sowjetischen Völkerrechtstheorie, S. 297; *O'Connell*, International Law, S. 277.

160 *O'Connell*, S. 277: "Impossibility of performance of a treaty is only valid if the impossibility is 'absolute'."

können. Unmöglichkeit ist also nur dann anzunehmen, wenn tatsächlich kein Weg mehr gegeben ist, das Vertragsziel zu erreichen.

Neben der absoluten Unmöglichkeit steht die relative, praktische Unmöglichkeit, auch Unvermögen genannt. Hier ist die Erfüllung aus praktischen Gründen, die nur dem einen Staat gegenüber bestehen, unmöglich. Dieses Institut kommt in seinem Inhalt dem Notstand sehr nahe. Es wird von Dahm in seinen Rechtsfolgen als Rechtfertigungsgrund der absoluten Unmöglichkeit gleichgesetzt[161]. Auch in der übrigen Literatur wird hiervon ausgegangen[162]. Nur Levin sagt, daß bei Unvermögen keine einseitige Lösung vom Vertrag, sondern nur die einvernehmliche Vertragsrevision zulässig sei[163]. Es ist der Meinung, die besagt, daß das Unvermögen einen Rechtfertigungsgrund darstellt, zuzustimmen, denn von einem Staat kann nicht mehr verlangt werden, als er zu leisten imstande ist, ohne seine nationalen Interessen auf das Stärkste zu gefährden. Dieser Gedanke entspricht dem der Rechtfertigung einer Vertragsverletzung durch Notstand.

§ 9 Die „clausula rebus sic stantibus“

Die „clausula rebus sic stantibus“ ist zwar als Rechtsinstitut allgemein bekannt[164], aber doch als Rechtfertigungsgrund für eine völkerrechtliche Vertragsverletzung, sei es in Form einer Kündigung oder sei es in Form eines Rücktritts oder eines Revisionsverlangens, nicht unbestritten. Sie ist inzwischen aber in die Wiener Vertragskonvention als Artikel 62 aufgenommen worden, wodurch ihr gewohnheitsrechtlicher Charakter bestätigt worden ist. Art. 62 WVK lautet unter der Überschrift: "Fundamental change of circumstances: 1. A fundamental change of circumstances which has occured with regard to those existing at the time of the conclusion of a treaty, and which was not foreseen by the parties, may not be invoked as a ground for terminating or withdrawing from the treaty unless: a) the existence of those circumstances constituted an essential basis of the consent of the parties to be bound by the treaty; and b) the effect of the change is radically to transform the extent of obligations still to be performed under the treaty. 2. A fundamental change of circumstances may not

161 *Dahm*, Lehrbuch, S. 140/141.

162 *Schweisfurth*, Der Internationale Vertrag, S. 297.

163 *Schweisfurth*, Der Internationale Vertrag, S. 298.

164 Fontes A I 5, S. 185: Corfu Channel: Merits J. 9. 4. 1949, p. 41. I. O. Alvarez: "We are all familiar with the well-established doctrine in international law of the clause known as rebus sic stantibus, according to which a State may refuse to execute a treaty if the conditions which prevailed at the time of signature have substantially changed."

be invoked as a ground for terminating or withdrawing from a treaty: a) if the treaty establishes a boundary; or b) if the fundamental change is the result of a breach by the party invoking it either of an obligation under the treaty or of any other international obligation owed to any other party to the treaty."

Aber auch die Aufnahme in die Konvention erfolgte nicht einmütig. Die „clausula rebus sic stantibus" ist in die Konvention nur auf Druck der dritten Welt gelangt[165], während die „alte" Welt befürchtete, daß sich jeder in dem Moment, in dem sich der Vertrag als unvorteilhaft erweisen könnte, auf die „clausula rebus sic stantibus" berufen würde[166]. Diese Gefahr ist in der Tat vorhanden, aber sie ist nicht größer als bei Notstand und anderen Rechtfertigungsgründen.

Das Eingreifen des Rechtfertigungsinstituts der „clausula rebus sic stantibus" wird allgemein nicht geleugnet[167], nur bestehen Meinungsverschiedenheiten in der Auslegung und Anwendung dieses Grundsatzes. McNair sagt zwar „the ‚clausula rebus sic stantibus' is unknown in British legal thought and litterature"[168], aber auf der anderen Seite gibt er zu, daß die britische Regierung eine grundlegende Wandlung in den Verhältnissen immer zum Anlaß für eine neuerliche Vertragsaushandlung oder einer Vertragsrevision genommen hat[169], was im Grundsatz der Anwendung der „clausula rebus sic stantibus" entspricht. Er sagt weiter: "There is evidence that the UK-Government regards the cessation of, or a vital change in, the specific raison d'être of a treaty as a ground for recognizing the ipso facto termination of a treaty ... But the same principle is applied to a change which, though not purely physical, destroys the very object of a treaty stipulation[170]." Auch dies führt doch zu einer wenn auch nur unter strengen Bedingungen möglichen Anwendung der „clausula rebus sic stantibus".

Eine klare Position gegen die „clausula rebus sic stantibus" bezieht Hoijer[171], der dies damit begründet, die „clausula rebus sic stantibus" höhle den Satz „pacta sunt servanda" aus, indem sie es den Staaten überlasse, sich nach ihrem eigenen Gutdünken auf veränderte Umstände berufen zu können, um sich so von unbequemen Verträgen zu lösen. Hoijer meint, daß der Grundsatz „pacta sunt servanda" eine derartige Einschränkung nicht zulasse, daß er vielmehr durch die Zulassung der

---

165 *Ago*, Droit des Traités à la Lumière de la Convention de Vienne, Recueil des Cours, Bd. 134, S. 318.

166 *Ago*, Droit des Traités, S. 320.

167 *Mc Nair*, Law of Treaties, S. 503.

168 *Mc Nair*, Law of Treaties, S. 682.

169 *Mc Nair*, Law of Treaties, S. 683.

170 *Mc Nair*, Law of Treaties, S. 685.

171 *Hoijer*, Les Traités Internationaux, S. 522.

„clausula rebus sic stantibus" illusorisch würde. Durch ihre Anwendung würden Stabilität und Sicherheit aus den internationalen Beziehungen verschwinden, die gerade auf dem unausweichlichen Austausch zwischen den Nationen beruhen. Zum Schluß führt Hoijer aus, diese Gründe erklärten, warum die Staaten nie die „clausula rebus sic stantibus" im Völkerrecht als Rechtssatz akzeptieren wollten[172]. Für die Vergangenheit mag dies vielleicht richtig sein, obwohl das Zitat aus dem Korfu-Kanal-Fall (siehe oben S. 51 Fußn. 164) dagegen spricht, aber heute gilt dies auf keinen Fall mehr, da die „clausula rebus sic stantibus" mit der Zustimmung der Mehrheit der Staaten in die Wiener Vertragskonvention aufgenommen worden ist.

Hoijers Argumentation gegen die Anwendung der „clausula rebus sic stantibus" im Völkerrecht ist zwar einleuchtend, und sie zeigt, daß, um den aufgezeigten Gefahren auszuweichen, der Art. 62 WVK der strengen Auslegung bedarf. Die Existenz einer Daseinsberechtigung der „clausula rebus sic stantibus" im Völkerrecht zu leugnen, scheint aber auch abgesehen von Art. 62 WVK nicht vertretbar. Im allgemeinen werden Verträge unter bestimmten Bedingungen und Vorstellungen zur Erreichung eines bestimmten Zweckes geschlossen. Wenn sich die Verhältnisse nun grundlegend ändern und zumindest ein Staat unter diesen neuen Bedingungen den Vertrag auf keinen Fall geschlossen hätte und diese neue Situation von den Vertragspartnern auch nicht vorausgesehen war, so erscheint es unzumutbar, den Vertrag weiterhin als bindend anzusehen. Die einzige Lösung in dieser Lage ist die Möglichkeit der einseitigen Beendigung des Vertrages oder der Vertragsrevision, sofern der andere Partner dazu bereit ist. Das Argument, die „clausula rebus sic stantibus" eröffne den Weg zu zahlreichen Vertragsverletzungen, erscheint nicht überzeugend; zwar berufen sich Staaten bei Vertragsverletzungen immer wieder auf die „clausula rebus sic stantibus" unberechtigterweise, dies könnte aber durch eine strenge Anwendung vermieden werden. Es ist sicher, daß sowohl mit als auch ohne die „clausula rebus sic stantibus" immer wieder Verträge gebrochen werden, was aber nicht auf die Existenz oder die Nicht-Existenz der „clausula rebus sic stantibus" im Völkerrecht zurückzuführen ist, sondern auf die fehlende Durchsetzungsmöglichkeit völkerrechtlicher Regeln. Rechtstheoretisch ist also gegen die Anwendung der „clausula rebus sic stantibus" nichts einzuwenden. In der Rechtspraxis hängt die Anerkennung und Respektierung der „clausula rebus sic stantibus" ebenso wie die des Satzes „pacta sunt servanda" von der Durchsetzbarkeit und Kontrolle der Befolgung dieser Grundsätze ab.

Vor der Behandlung der Frage der Anwendung der „clausula rebus sic stantibus" soll noch einmal eine Definition gegeben werden. O'Con-

---

172 *Hoijer*, Les Traités Internationaux, S. 523.

nell definiert sie in Anlehnung an „Phillimore in International Law“ (3 rd edition, 1879, Vol. II, p. 108): “When that state of things which was essential to, and moving cause of, the promise or engagement, has undergone a material change, or has ceased, the foundation of the promise or engagement is gone and their obligation has ceased[173].” Sie besagt also, daß der Befolgungsanspruch einer Völkerrechtsnorm nicht mehr besteht, wenn Umstände wegfallen, deren Existenz oder Nicht-Existenz als ungeschriebene Bedingung für den Bestand dieser Norm anzusehen sind[174]. Ähnlich drückt sich, wie wir oben gesehen haben, auch Art. 62 WVK aus, wenn in ihm auch besonders strenge Anforderungen gestellt sind, wenn von einer „essential basis“ gesprochen wird.

Nach Art. 62 WVK kommt die „clausula rebus sic stantibus“ nur bei besonders schwerwiegenden Veränderungen zum Zuge. Die in Art. 62 II WVK genannten Ausschlüsse vom Eingreifen der Konvention sind wohl selbstverständlich. Es erscheint einsichtig, daß ein Staat sich nicht auf eine grundlegende Änderung der Umstände berufen kann, wenn der Vertrag hierfür selbst Grenzen zieht, oder wenn die grundlegende Änderung der Umstände das Ergebnis eines Vertragsbruches seitens der Partei ist, die sich darauf beruft.

Es gibt sicherlich viele Fälle, in denen Staaten sich zu Unrecht auf die „clausula rebus sic stantibus“ berufen haben, um von ihnen begangene Vertragsverletzungen zu rechtfertigen, so Rußland im Jahre 1871 nach Bruch des Pariser Vertrages von 1856 über die Neutralisierung des schwarzen Meeres, durch die Erklärung, die anderen Staaten hätten bereits vorher den Vertrag gebrochen[175]. Ebenso berief sich Rußland im Batum-Fall nach Bruch des Art. 59 des Berliner Vertrages von 1878 auf die „clausula rebus sic stantibus“ und Österreich-Ungarn nach Bruch des Berliner Vertrages von 1878 durch Besetzung von Bosnien und der Herzegowina im Jahre 1908[176]. Diese Fälle zeigen, daß die Tendenz bei den Staaten besteht, die „clausula rebus sic stantibus“ auch in Fällen zur Rechtfertigung heranzuziehen, in denen sie gar nicht eingreift. Um dies zu verhindern, müssen also strenge und möglichst klar Bedingungen für ein Eingreifen der „clausula rebus sic stantibus“ aufgestellt werden[177].

Eine reine Veränderung der Machtverhältnisse kann zwar zu einer neuen Vertragsverhandlung führen, sie begründet aber nicht das Eingreifen der „clausula rebus sic stantibus“[178], da Vertragsverhältnisse

---

173 *O'Connell*, International Law, S. 278.

174 *Wengler*, Völkerrecht, Bd. 1, S. 372.

175 *Whitton*, La Règle „pacta sunt servanda“, S. 226.

176 *Whitton*, La Règle „pacta sunt servanda“, S. 227.

177 *Schweisfurth*, Der internationale Vertrag in der modernen sowjetischen Völkerrechtstheorie, S. 312.

178 *Wengler*, Lehrbuch des Völkerrechts, Bd. 1, S. 374.

nicht an bestehende Machtpositionen geknüpft sind. Da es nur bei Anwendung der „clausula rebus sic stantibus“ zu einem „automatischen“ Hinfälligwerden des Vertrages kommen kann, führt eine Änderung der Machtverhältnisse nicht zur Vertragsbeendigung, denn sie stellt keine wesentliche Änderung in den Umständen dar, auf deren Basis der Vertrag geschlossen worden ist. Dies widerspricht allerdings der sowjetischen Auffassung, nach der gerade die Änderung der Sozialstruktur und der Staatsgewalt ein Eingreifen der „clausula rebus sic stantibus“ begründet[179]. Dies erklärt sich vor allem aus der Ideologie des Kommunismus, der in keiner Weise nach der Beseitigung der „kapitalistischen Machthaber“ an deren Verträge gebunden sein will.

Zur Ermittlung der Gesichtspunkte, die dem Vertragsabschluß als Grundlage gedient haben, sei besonders auf die „travaux préparatoires“ verwiesen, die oft zeigen, welche Punkte bei einem Vertragsschluß als selbstverständlich vorausgesetzt worden sind[180]. Weitere Hinweise können sich auch aus dem in der Vertragsurkunde niedergelegten Vertragszweck ergeben, wenn nämlich offenbar ist, daß dieser Zweck unter den gewandelten Umständen nicht mehr zu erreichen ist.

Aus einem in einem auf kürzere Zeit geschlossenen Vertrag enthaltenen Kündigungsverbot kann auch ein Verbot der Berufung auf die „clausula rebus sic stantibus“ entnommen werden.

Wie bereits oben bei der Besprechung des Satzes „pacta sunt servanda“ dargestellt worden ist, vertritt McNair die Auffassung, daß bei Handelsverträgen der Zwang dieses Satzes nicht absolut sei, sondern daß vielmehr die besondere Beziehung und Bindung dieser Verträge an ökonomische Verhältnisse eine leichtere Rücktritts- oder Revisionsmöglichkeit dieser Verträge verlange[181]. Diese Auffassung erscheint aber fragwürdig, da sie eine Aushöhlung des Grundsatzes „pacta sunt servanda“ bedeutet. In der Möglichkeit der erleichterten Lösung von Handelsverträgen ist eher ein Eingreifen der „clausula rebus sic stantibus“ zu sehen, da der Bestand der ökonomischen Verhältnisse im allgemeinen die Grundlage für den Abschluß eines Handelsvertrages bildet.

Zum Abschluß sei noch auf das Urteil des Ständigen Internationalen Gerichtshofes im Genfer Freizonen-Streit hingewiesen[182]. In diesem Fall hatte Frankreich eine Revision des Vertrages vom 20. 11. 1815 bezüglich der Zollfreizonen um Genf verlangt unter Berufung auf die „clausula rebus sic stantibus“. Das Gericht lehnte in seinem Urteil ein Eingreifen

---

179 *Schweisfurth*, Der internationale Vertrag, S. 316.

180 *Wengler*, Völkerrecht, Bd. 1, S. 374.

181 *Mc Nair*, Law of Treaties, S. 503 - 505.

182 PCIJ, Series A/B No. 46.

der „clausula rebus sic stantibus" ab mit der Begründung, die vorgebrachte Änderung der Umstände sei nicht wesentlich und begründe daher kein Eingreifen der „clausula rebus sic stantibus"[183]. Aus dem Urteil läßt sich entnehmen, daß zwar grundsätzlich vom Gerichtshof davon ausgegangen wurde, daß die „clausula rebus sic stantibus" im Völkerrecht ihren Platz als Rechtfertigungsgrund hat, daß aber der veränderte Umstand als im Vertragsrahmen wesentlich anzusehen sein muß. McNair schließt aus dem Genfer-Freizonen-Urteil, daß der StIG die „clausula rebus sic stantibus" nur für den Fall anwenden wollte, daß bewiesen wird, der wesentliche Umstand sei als Bedingung gesetzt worden[184]. Dies läßt sich aber meines Erachtens nicht aus dem Urteil entnehmen, vielmehr muß die Änderung in einem wesentlichen Umstand liegen, der nicht ausdrücklich als Bedingung in den Vertrag aufgenommen worden ist. Wenn dies nämlich der Fall wäre, so wäre die „clausula rebus sic stantibus" überflüssig, weil mit Wegfall einer im Vertrag enthaltenen Bedingung der Vertrag sowieso automatisch erlischt.

§ 10 Schuld- oder Erfolgshaftung

Nachdem die Voraussetzungen für das Eingreifen von Rechtsfolgen bei einer Vertragsverletzung, nämlich das tatbestandsmäßige und rechtswidrige Verhalten, dargestellt worden sind, ist nun noch zu prüfen, ob auch ein Verschulden des Staates an der Rechtsverletzung vorliegen muß, oder ab der Erfolg als Ergebnis des Rechtsbruchs allein ausreichend ist, um die Rechtsfolgen zu begründen. Diese Frage hat zwar bei Vertragsverletzungen eine geringere Bedeutung[185], da ein Staat, der eine Vertragsbestimmung nicht einhält, im allgemeinen Kenntnis vom Bestehen des Vertrages hat, oder wenn ihm diese fehlt, ihn doch zumindest an der Nichtkenntnis ein Verschulden trifft, denn die Vertragspartner haben die Pflicht, über die sie bindenden Verträge im Bilde zu sein. Es sind aber immerhin Fälle denkbar, in denen ein Staat einen Vertrag verletzt in der Meinung, er dürfe in dieser Weise handeln, sei es aufgrund eines Rechtirrtums oder aufgrund eines Irrtums anderer Art; hier tritt dann doch die Frage auf, ob etwaige Rechtsfolgen am Verschulden des Staates zu messen sind oder ob allein die Tatsache der Nichterfüllung zurechenbar ist. Da über die Frage des Verschuldens kein völkerrechtliches Abkommen existiert[186], ist in der

---

[183] PCIJ, Series A/B No. 6, S. 156.

[184] *Mc Nair,* Law of Treaties, S. 690.

[185] *v. Münch,* Das völkerrechtliche Delikt, S. 168.

[186] *v. Münch,* Das völkerrechtliche Delikt in der modernen Entwicklung der Völkerrechtsgemeinschaft, S. 165.

nachfolgenden Darstellung wieder von Literatur und Rechtsprechung auszugehen, obwohl sich hier auch kein eindeutiges Bild ergibt, da Staatenpraxis und Literatur uneinheitlich[187] und auch die Gerichtsentscheidungen in sich nicht immer klar sind; so wird zum Beispiel das Urteil des IGH im Korfu-Kanal-Fall für beide Meinungen herangezogen[188].

Vor der Behandlung der Theorien und Entscheidungen um das Verschulden im Völkerrecht soll noch eine Definition des Verschuldens in Anlehnung an Ago[189] gegeben werden: Verschulden ist die psychologische Beziehung zwischen der konkreten Verletzung eines subjektiven Rechts eines Dritten und dem Verursacher dieser Verletzung; eine psychologische Beziehung, die aus der Tatsache bestehen kann, daß die Verletzung direkt gewollt war (Vorsatz), oder aus der Tatsache, daß man zwar die Verletzung nicht gewollt hat, daß man aber wenigstens, ohne die Folgen vorauszusehen, sich in einer Weise verhalten hat, die sich von der unterschieden hat, die es zugelassen hätte, die Verletzung zu vermeiden (Fahrlässigkeit).

Als erstes soll nun der Korfu-Kanal-Fall und das hierzu vom IGH erlassene Urteil dargestellt werden, denn aus ihm werden sowohl Argumente für die Erfolgshaftung als auch für die Verschuldenshaftung gezogen. Es handelte sich darum, daß Albanien ausländischen Schiffen untersagt hatte, trotz bestehenden internationalen Durchfahrtsrechts (Recht auf „innocent passage"), durch den Korfu-Kanal zu fahren. Um die albanische Haltung zu erproben, fuhren britische Kriegsschiffe in den Kanal und liefen auf Minen. Großbritannien räumte daraufhin trotz albanischer Proteste die Minen[190]. Im Urteil vom 9. 4. 1949[191] wird festgestellt, es sei zwar nicht nachgewiesen, daß die Minen mit albanischem Einverständnis gelegt worden seien, es sei aber allein entscheidend, ob Albanien Kenntnis vom Vorhandensein der Minen gehabt habe. Diese Kenntnis wurde vom IGH angenommen, da Albanien seine Küstengewässer streng überwacht hatte, womit auch eine Verpflichtung zur Warnung durch Albanien bestanden hatte. Diese Feststellung führten den IGH zur Bejahung des britischen Anspruchs.

In ihren „dissenting opinions" zum Urteil im Korfu-Kanal-Fall[192] gehen Badawi, Krylov und Ecer von der Verschuldenshaftung aus und lehnen im vorliegenden Fall ein Verschulden Albaniens mit der Be-

---

[187] *v. Münch*, Das völkerrechtliche Delikt, S. 162.

[188] *v. Münch*, Das völkerrechtliche Delikt, S. 154.

[189] *Ago*, le Délit International, S. 486.

[190] *Bernhardt*, Korfu-Kanal-Fall, Strupp-Schlochauer, Wörterbuch, Bd. II, S. 313.

[191] ICJ Reports 1949, S. 4.

[192] Fontes A I 5, S. 275.

gründung ab, es reiche nicht aus, daß eine schädigende Handlung auf dem Territorium eines Staates vorgenommen worden sei, da dies zu einer Risiko-Haftung führe, die über eine Haftung nach Verschuldensgrundsätzen hinausgehe. Ihrer Meinung nach reichte es zur Annahme eines Verschuldens nicht aus, daß Albanien von den Minen zumindest gewußt haben müßte, und auch eine Außerachtlassung der erforderlichen Sorgfalt sei nicht gegeben.

Natürlich kann dieses Urteil auch als Nachweis für die Verschuldenshaftung herangezogen werden, wenn man davon ausgeht, daß für die Annahme des Verschuldens bereits die Kenntnis eines Gefahrenherdes und die Unterlassung der Warnung genüge. Azevedo dagegen sagt in seiner dissenting opinion zum Korfu-Kanal-Urteil[193], daß das Opfer nur Schaden und Kausalkette nachweisen müsse, dies sei genügend, Verantwortlichkeit zu begründen, außer der Beklagte könne das Verschulden einer dritten Partei oder des Opfers oder höhere Gewalt nachweisen; nur dies könne ihn der Verantwortlichkeit entheben. Diese Meinung führt im Ergebnis zu einer Erfolgshaftung, die nur ausgeschlossen ist, wenn es dem Schädiger gelingt, das Verschulden anderer zu seiner Entlastung vorbringen zu können, was im allgemeinen aber schwer sein dürfte.

Es kann zwar gesagt werden, daß der IGH im Korfu-Kanal-Fall auf die Frage des Verschuldens eingegangen ist, er hat es aber keineswegs als unbedingte Grundlage der Haftung verlangt[194]. Der IGH spricht in seinem Urteil von der Kenntnis der Vornahme rechtswidriger Akte. Ob dieses „knowledge" dem Verschulden entspricht, ist eine Interpretationsfrage und zumindest sehr zweifelhaft.

Da sich aus dem Urteil des IGH im Korfu-Kanal-Fall keine klare Entscheidung bezüglich der Frage des Verschuldens entnehmen läßt, sind weitere Quellen zu prüfen.

Wengler neigt zur Erfolgshaftung[195], insbesondere ist seiner Ansicht nach kein Verschulden erforderlich bei Schädigungen, die ausschließlich durch Handlungen von Staatsorganen hervorgerufen werden, und bei Verpflichtungen zur Vornahme bestimmter Staatsakte (z. B. Einfuhrgenehmigungen, Konzessionen), was insbesondere bei Vertragsverletzungen häufig der Fall ist, und auch nicht bei Gerichtsentscheidungen, selbst wenn sie „bona fide" zustandegekommen sind.

---

193 Fontes A I 5, S. 276.

194 *Amador*, State Responsibility, S. 387: "Though it may be claimed that in the Corfu-Channel-Case the International Court of Justice held Albania responsible by resorting to the fault (culpa) theory, there is no passage in the judgement where a clear inequivocable statement to that effect may be found."

195 *Wengler*, Völkerrecht, Bd. 1, S. 491, 493 ff.

Lediglich bei Verletzungen des internationalen Standards für Ausländerbehandlung hält Wengler das Verschulden des handelnden Organs für erforderlich[196], aber auch hier stellt er strenge Anforderungen an eine mögliche Exculpation.

Kelsen schließt nicht von vornherein das Erfordernis des Verschuldens aus[197], entscheidet sich dann aber doch in Anlehnung an Anzilotti[198] für die Erfolgshaftung wegen des seiner Meinung nach schwierigen Nachweises des Verschuldens[199].

Ago verlangt, ebenso wie Oppenheim, v. Liszt und Lauterpacht, Verschulden des jeweiligen Organs[200], dies kann man aber nur bei unmittelbaren Realakten annehmen und nicht bei einem Vertrauensbruch durch die Hauptorgane eines Staates. Daß auch Ago dem Erfordernis des Verschuldens kritisch gegenübersteht, ergibt sich daraus, daß er sehr geringe Anforderungen an den Nachweis des Verschuldens stellt[201].

Levin als Vertreter der sowjetischen Völkerrechtslehre geht strikt von der Verschuldenshaftung aus. Seiner Meinung nach muß anerkannt werden, daß der Begriff der Schuld auch auf die völkerrechtliche Verantwortlichkeit anwendbar sei, da das Verhalten des Staates in den internationalen Beziehungen die Äußerung des staatlichen Willens sei, der durch die höchsten Organe des Staates gebildet und letztlich durch den Willen seiner herrschenden Klasse, im sowjetischen allgemeinen Volksstaat aber durch den Willen des ganzen Volkes, bedingt wird[202]. Levin meint, daß das Erfordernis des Verschuldens weitgehend anerkannt werde[203], was aber nur für den kommunistischen Bereich Gültigkeit haben kann, denn in der übrigen Völkerrechtslehre ist diese Frage sehr umstritten, und die Tendenz geht eher in die Richtung der Erfolgshaftung. Nur in Ausnahmefällen will Levin die Erfolgshaftung zulassen, so zum Beispiel bei durch Raumflüge verursachten Schadensfällen[204].

Nach v. Münch führt die Tendenz in der Staatenpraxis zur Erfolgshaftung[205]. Als besondere Vorteile der Erfolgshaftung nennt er die geringeren Beweisschwierigkeiten, die wertungsmäßig größere Indifferenz der Erfolgshaftung gegenüber der Schuldhaftung, die immer

---

196 *Wengler*, Völkerrecht, Bd. 1, S. 496.
197 *Kelsen*, Unrecht und Unrechtsfolge, S. 541.
198 *Anzilotti*, Lehrbuch des Völkerrechts, S. 393.
199 *Kelsen*, Unrecht und Unrechtsfolge, S. 544.
200 *Ago*, le Délit International, S. 492.
201 *Ago*, le Délit International, S. 497.
202 *Levin*, Verantwortlichkeit der Staaten, S. 79.
203 *Levin*, Verantwortlichkeit der Staaten, S. 76.
204 *Levin*, Verantwortlichkeit der Staaten, S. 81.
205 *v. Münch*, Das völkerrechtliche Delikt in der modernen Entwicklung der Völkerrechtsgemeinschaft, S. 168.

eine negative Wertung in sich trägt, die größere Strenge der Erfolgshaftung, was sie rechtspolitisch wirksamer macht, und den Gesichtspunkt, daß die Erfolgshaftung gerade in den modernen Haftungsfällen auf dem Gebiet der Kernenergie und Weltraumfahrt eine günstigere Anwendungsmöglichkeit bietet[206]. Dies hat auch in der Praxis seine Bestätigung gefunden in der Konvention der Internationalen Atomenergie-Organisation, in der für Delikte die Erfolgshaftung vorgesehen ist[207].

Für die Erfolgshaftung spricht sich auch Amador aus, der sagt: "What really matters in all the cases and situations is the objective existence of an injury and that this injury has been caused by an unjustified breach of a well-established obligation or, if such where the case, by an abuse of rights, either one legally imputable to a subject of international law; and, in the exceptional hypotheses we have referred to, even the pure and simple fact that an imputable injury is being caused to someone else[208]."

Allgemein ist festzustellen, daß ein Hauptargument für die Erfolgshaftung deren bessere Praktabilität ist und insbesondere auch die Beweisschwierigkeiten bei der Verschuldenshaftung.

Rossen kommt in seinen Studien „Studien zur Schuldhaftung und Erfolgshaftung im völkerrechtlichen Deliktsrecht“ zu dem Ergebnis, das im Völkerrecht weder eine echte Verschuldens- noch eine echte Erfolgshaftung gelte[209]. Eine echte Verschuldenshaftung entspreche nicht mehr dem Wesen des modernen Völkerrechts, das eine immer stärkere Entpersonifizierung und Verobjektivierung des Schuldbegriffs verlange. Und auch eine echte Erfolgshaftung sei nicht vertretbar, weil mit ihr nicht immer eine gerechte Schadensverteilung erreicht werden könne und sie auch den innerstaatlichen Haftungsregelungen fremd sei.

Als Schwächen der Verschuldenshaftung nennt Rossen insbesondere die ungelöste Frage, ob vom individuellen Verschulden, von einer entpersönlichten generalisierenden Schuld oder von einem Staatsverschulden ausgegangen werden soll, und die Schwierigkeit der Bestimmung des Schuldbegriffs[210].

Als Schwächen der Erfolgshaftung sieht Rossen insbesondere das Fehlen eines Haftungskorrektivs, das im Einzelfall zu ungerechtfertig-

---

206 *v. Münch*, Das völkerrechtliche Delikt, S. 164.

207 Art. 3, Abs. I des Entwurfs von 1963.

208 *Amador*, State Responsibility, S. 392.

209 *Rossen*, Studien zur Schuldhaftung und Erfolgshaftung im völkerrechtlichen Deliktsrecht, S. 159.

210 *Rossen*, Studien zur Schuldhaftung und Erfolgshaftung im völkerrechtlichen Deliktsrecht, S. 114.

ter Ausdehnung der Haftung führen kann. Außerdem werfe die Erfolgshaftung beim Unterlassungsdelikt Probleme auf, da hier die Haftung nur eingreifen könne, wenn die Möglichkeit des Handelns bestanden habe, das Verschulden also Voraussetzung sei; ebenso sei nicht klar, wie sich im Rahmen der Erfolgshaftung erwiesene Schuldlosigkeit des Staates und Mitverschulden auswirken sollen[211].

Rossen schlägt eine modifizierte Schuldhaftung vor, die zwischen der reinen Schuld- und der reinen Erfolghaftung steht, und die in ihrem Wesen der Gefährdungshaftung nahekommt. Allerdings gibt Rossen selbst zu, daß diese Kompromißlösung auch keine idealen Ergebnisse garantiert.

Margarete Kuhn kommt nach eingehender Darstellung der internationalen Rechtsprechung von 1789 bis zur Gegenwart zu dem Ergebnis, daß in der Völkerrechtspraxis die Verursachungshaftung, also die Erfolgshaftung vorherrsche[212]. Die Richter gingen zwar gelegentlich auf die Frage des Verschuldens ein, stellten jedoch in der Frage der Entstehung einer Haftung nur auf das Vorliegen eines völkerrechtswidrigen Verhaltens ab. Auch Margarethe Kuhn kommt zu dem weiteren Ergebnis, daß in der Mehrzahl der Literatur dagegen für die Verschuldenshaftung eingetreten werde[213].

Man sollte, auch wenn man bei dem allgemeinen völkerrechtlichen Delikt der Verschuldenshaftung zuneigt, gerade im Falle der Vertragsverletzung auf den Erfolg und nicht auf das Verschulden abstellen, denn die Staaten müssen sich der Bindungen bewußt sein, denen sie sich durch den Vertragsschluß ausgesetzt haben. Außerdem ist es sehr schwer, das Verschulden eines Staates nachzuweisen, da ein deliktischer Staat wohl kaum einem anderen Staat Einblick in seine inneren Angelegenheiten gewähren wird. Weiterhin ist es schwer, in einem Kollektiv wie dem Parlament oder dem Kollegialgericht von Verschulden zu sprechen, denn die Rechtsfolgen treffen auf jeden Fall den Staat in seiner Gesamtheit und damit auch die Staatsbürger, die sich gegen die den Vertrag verletzende Maßnahme gewendet haben. Es sprechen also insbesondere praktische Erwägungen für die Erfolgshaftung.

Dies soll nun nicht heißen, daß die Erfolgshaftung ohne jegliche Einschränkung durchgesetzt werden soll. Vielmehr dringen auch in sie wieder Gesichtspunkte des Verschuldens ein mit der Forderung, das

---

211 *Rossen*, Studien zur Schuldhaftung und Erfolgshaftung im völkerrechtlichen Deliktsrecht, S. 159.

212 *Kuhn*, Verschuldens- oder Verursachungshaftung der Staaten im allgemeinen Völkerrecht, S. 115.

213 *Kuhn*, Verschuldens- oder Verursachungshaftung der Staaten im allgemeinen Völkerrecht, S. 111.

Verschulden eines dritten Staates, das Mitverschulden des Geschädigten und auch „höhere Gewalt“ als Milderungsgründe bezüglich der Rechtsfolgen zu verstehen. Es ergibt sich dann eine „eingeschränkte“ Erfolgshaftung unter Berücksichtigung gewisser Gesichtspunkte des Verschuldens.

§ 11 Aktiv- und Passivlegitimation

Nach der Behandlung der Fragen von Tatbestandsmäßigkeit, Rechtswidrigkeit und Verschulden bei der Vertragsverletzung ist nun weiter zu prüfen, wem eigentlich ein Anspruch aus Vertragsverletzung zustehen kann und gegen wen sich dieser Anspruch richtet.

Die Frage des Adressaten des Anspruchs ist relativ leicht zu beantworten. Wir haben oben gesehen, daß Vertragsverletzungen nur durch den Staat, repräsentiert durch seine Organe[214], begangen werden können, denn er hat den Vertrag geschlossen und ist allein durch ihn gebunden. Dasselbe gilt auch für von Internationalen Organisationen geschlossene Verträge, sofern sie von der Organisation verletzt werden[215]. Deren Organe sind insoweit ebenso zu behandeln wie Staatsorgane. Die Internationale Organisation haftet aber nur gegenüber den Mitgliedstaaten und den Nichtmitgliedern, die sie anerkannt haben, denn für die anderen Staaten ist sie als nicht existent anzusehen. Bei Verträgen haftet immer die Organisation selbst auch gegenüber Nichtmitgliedern, da im Vertragsschluß eine Anerkennung der Organisation zu sehen ist[216]. Verantwortlich ist für den Vertragsbruch immer der gleiche Partner, der den Vertrag geschlossen hat (also Staat oder Internationale Organisation), denn nur er ist dadurch gebunden. Er haftet für alle, die irgendwie seiner Gewalt (als Organe, Einzelmenschen etc.) unterstehen, auch wenn sie sich außer Kontrolle befinden[217].

Bei Bundesstaaten trifft die Haftung, falls ein Gliedstaat eine Vertragsverletzung begeht, den Gesamtstaat[218]. Ebenso haftet in einem Über- und Unterordnungsverhältnis der übergeordnete Staat für den

---

214 *v. Münch*, Das völkerrechtliche Delikt in der modernen Entwicklung der Völkerrechtsgemeinschaft, S. 170; *Levin*, Verantwortlichkeit der Staaten, S. 93; *Reuter*, La Responsabilité Internationale, S. 37.

215 *Schüle*, Delikt, Strupp-Schlochauer, Wörterbuch, Bd. I, S. 330; *v. Münch*, Das völkerrechtliche Delikt, S. 98.

216 *v. Münch*, Das völkerrechtliche Delikt in der modernen Entwicklung der Völkerrechtsgemeinschaft, S. 283 und S. 266.

217 *Levin*, Verantwortlichkeit der Staaten, S. 55.

218 *Schüle*, Delikt, Strupp-Schlochauer, Wörterbuch, Bd. I, S. 330; *Kelsen*, Unrecht und Unrechtsfolge im Völkerrecht, S. 518.

untergeordneten[219], und in einem Protektoratsverhältnis der Protektor für das Protektorat[220]. Die Verantwortlichkeit ergibt sich aus dem Grundsatz der Zurechenbarkeit[221], so wird das Verhalten des Protektorats dem Protektor zugerechnet. Eine derartige Konstellation dürfte bei Vertragsverletzungen aber sehr selten sein[222]. Gliedstaaten eines Bundesstaates haften selbst nur insoweit, als sie Völkerrechtssubjekte sind, bei Verträgen heißt das also, soweit sie die Kompetenz zum Vertragsabschluß haben[223]. Sonst haftet der Gesamtstaat für den Gliedstaat[224].

Wichtig ist, daß ein der Staatsgewalt Unterworfener, insbesondere ein Organ, gehandelt hat. Die Organeigenschaft richtet sich nach der internen Ordnung des Staates, so zählt in der UdSSR auch das Parteipräsidium der KPdSU zu den Organen. Auch für den Fall, daß ein Organ gesetzeswidrig, völkerrechtswidrig oder entgegen Weisungen handelt, wird das Delikt dem Staat zugerechnet und begründet dessen Haftung[225].

Bei völkerrechtswidrigem Verhalten von Einzelmenschen, also auch bei einer Vertragsverletzung, haftet der Staat für den einzelnen, ihm wird das deliktische Verhalten des Individuums zugerechnet. In diesem Fall richtet sich die Unrechtsfolge zwar gegen den Staat, aber er haftet für fremdes, nicht für eigenes Unrecht[226]. Voraussetzung für die Haftung für eine durch einen einzelnen begangene Vertragsverletzung ist nur, daß der einzelne in irgendeiner Abhängigkeit zum Staat steht und von diesem beeinflußt werden kann[227]. Wenn der Staatsangehörige, der den Vertrag verletzt hat, im Augenblick der Tat in keinerlei Abhängigkeit zum Staat stand, so ist der Staat nicht von vornherein verantwortlich, sondern der Staat muß irgendwie, zum Beispiel durch zustimmende Äußerungen, in Beziehung zu dem Verhalten des einzelnen treten[228, 229].

Ähnlich verhält es sich auch in der Frage der Aktivlegitimation, das heißt der Anspruchsberechtigung. Grundsätzlich kann den Anspruch auf Rechtsfolgen nur der Staat stellen, der Vertragspartner ist, und

---

219 *Kelsen*, Unrecht und Unrechtsfolge, S. 517.

220 *Kelsen*, Unrecht und Unrechtsfolge, S. 519.

221 *de Visscher*, La Responsabilité des Etats, S. 91.

222 *v. Münch*, Das völkerrechtliche Delikt, S. 236.

223 *v. Münch*, Das völkerrechtliche Delikt, S. 239.

224 *Schüle*, Delikt, S. 330.

225 *Ago*, Le Délit International, S. 472.

226 *Kelsen*, Unrecht und Unrechtsfolge im Völkerrecht, S. 502.

227 *de Visscher*, La Responsabilité des Etats, S. 102.

228 *Mc Nair*, Law of Treaties, S. 550.

229 Vgl. dazu im übrigen: *Triepel*, Die auswärtige Politik der Privatpersonen, ZaöRV, 9, 1, 1 - 30.

der durch die Vertragsverletzung irgendeinen Schaden erlitten hat. Ebenso kann auch eine Internationale Organisation aktivlegitimiert sein, sofern ihr gegenüber eine Vertragsverletzung begangen worden ist; insoweit gilt das bei der Passivlegitimation Gesagte.

Der durch die Vertragsverletzung Geschädigte ist der Vertragspartner. Bei multilateralen Verträgen ist Geschädigter nur der einzelne betroffene Staat, nicht die übrigen Vertragspartner[230], es sei denn, die Vertragsverletzung richtet sich gegen alle Signatare der Vereinbarung. Der unmittelbar durch die Vertragsverletzung Betroffene kann zwar ein Organ oder ein Individuum sein; als geschädigt wird aber nur der Staat selbst angesehen, und nur er kann den Anspruch auf Wiedergutmachung etc. geltend machen[231]. Daß das Individuum nicht selbst einen Anspruch aus einer Vertragsverletzung geltend machen kann, ergibt sich aus der Tatsache, daß es keinen völkerrechtlichen Vertrag abzuschließen berechtigt ist[232]. Durch eine Vertragsverletzung kann nur der betroffen sein, der ihn abgeschlossen hat. Ein Vertrag zugunsten der Bevölkerung eines Staates ist nicht denkbar, da ja das Volk selbst den Staat bildet. Denkbar ist aber ein Vertrag zugunsten eines Volksteils, zum Beispiel einer Minderheit, in dem gewisse Rechte gewährt werden. Aber auch in diesem Fall können einzelne Glieder dieser Minderheit nicht selbst Ansprüche aus einer Verletzung dieses Vertrages geltend machen, sondern sie müssen sich an die Staaten als Vertragspartner halten, in deren Belieben es steht, ob sie sich auf die Vertragsverletzung im Interesse des jeweiligen Volksteiles berufen wollen. Auch wenn also durch einen völkerrechtlichen Vertrag ein Staat zu einem bestimmten Verhalten gegenüber Einzelmenschen verpflichtet wird, kommt als durch den Vertragsbruch verletzt nur der Staat als der Vertragspartner in Betracht. So sehr auch Einzelinteressen verletzt sein mögen, völkerrechtlich geschützt ist nur das Interesse des Staates[233]. Dies entspricht auch den Gegebenheiten im übrigen Deliktsrecht, wo der einzelne durch seinen Staat mediatisiert wird, und wo es im Belieben des Staates steht, ob er den Anspruch geltend machen will[234]. Ein Verzicht des einzelnen gegenüber dem Schädigerstaat ist für den Heimatstaat nicht bindend, denn der Anspruch steht dem Staat zu und nicht dem Individuum[235], es ist also allein Sache des Staates, ob er den Anspruch geltend macht[236], und auch die Wiedergutmachungsleistung

---

230 *Schüle*, Delikt, Strupp-Schlochauer, Wörterbuch, Bd. I, S. 330; *Tunkin*, Das Völkerrecht der Gegenwart, S. 231; *Kelsen*, Unrecht und Unrechtsfolge im Völkerrecht, S. 522.

231 *Verdross*, Lehrbuch des Völkerrechts, S. 406 ff.

232 *Amador*, State Responsibility, S. 398.

233 *Kelsen*, Unrecht und Unrechtsfolge im Völkerrecht, S. 522.

234 *Schüle*, Delikt, Strupp-Schlochauer, Wörterbuch, Bd. I, S. 337.

235 *Verdross*, Lehrbuch des Völkerrechts, S. 410.

236 *Strupp*, Das völkerrechtliche Delikt, S. 219.

selbst wird grundsätzlich dem Staat und nicht dem eigentlich betroffenen Individuum gewährt[237]. Selbst wenn der geltend gemachte Anspruch seitens des Schädigers erfüllt wird, ist der Staat nicht verpflichtet die Leistung an das direkt betroffene Individuum weiterzugeben, es sei denn, dies ist mit dem Schädigerstaat vertraglich vereinbart worden[238]. Das Individuum tritt also ganz hinter den staatlichen Interessen zurück.

Insgesamt ist festzustellen, daß grundsätzlich der Staat beziehungsweise die Internationale Organisation allein die aktiv- oder passivlegitimierte Partei sind und daß das Individuum durch diese mediatisiert wird.

§ 12 Einfluß von Krieg auf Verträge

Die Frage, ob Krieg irgendeinen Einfluß auf Verträge hat, läßt sich nicht schlechthin bejahen oder verneinen, insbesondere wirkt ein Krieg nicht unbedingt als Auflösungsgrund von Verträgen. Vielmehr hängt der Einfluß von Kriegen von der Natur der Verträge ab[239]. Als besonders schwerwiegende Änderung der politischen Verhältnisse braucht der Krieg nicht einmal unbedingt zu einem Berufungsgrund auf die „clausula rebus sic stantibus" und damit zur Vertragsaufhebung zu führen[240]. Es soll nun im folgenden dargestellt werden, bei welcher Art von Verträgen der Krieg keinerlei Einfluß hat, und bei welcher Art von Verträgen der Krieg zur Auflösung führt.

Auf jeden Fall bleiben auch im Krieg die Verträge bestehen, die gerade für den Kriegsfall geschlossen sind, so die Haager und Genfer Abkommen[241]. Dasselbe gilt für Verträge, die während des Krieges geschlossen werden, so Abkommen zum Austausch von Kriegsgefangenen und Waffenstillstandsverträge. Ebenso sicher, wie diese Verträge bestehen bleiben, erlöschen mit Kriegsbeginn alle diejenigen Verträge, die ein besonderes Vertrauensverhältnis voraussetzen, so Beistands-, Bündnis-, Freundschafts- und Garantieverträge[242]. Sie treten auch nach Ende des Krieges nicht wieder in Kraft.

Zwischen diesen beiden Extremen gibt es viele Verträge, die sich in keine der beiden Kategorien ohne Zwang einordnen lassen, für die aber

---

[237] *Amador*, State Responsibility, S. 482.
[238] *Amador*, State Responsibility, S. 486.
[239] *Dahm*, Lehrbuch des Völkerrechts, Bd. III, S. 156.
[240] *Wengler*, Lehrbuch des Völkerrechts, S. 376.
[241] *Dahm*, Lehrbuch, Bd. III, S. 156.
[242] *Dahm*, Lehrbuch, Bd. III, S. 156.

eine relativ klare Regel gefunden werden muß. Bei Kollektivverträgen ist es selbstverständlich, daß durch einen Krieg zwischen zwei Vertragspartnern nicht der Vertrag zum Erliegen kommt[243], denn dann würde ein großer Teil der Organisationen nicht mehr existieren. Außerdem haben Kollektivabkommen im allgemeinen einen sehr engen Regelungsbereich, der durch die Kriegshandlungen nicht berührt wird.

Abzustellen ist bei dieser Frage wohl auf den Vertragszweck; ist er unpolitischer Natur, so ist anzunehmen, daß der Vertrag auch im Kriegsfall weiterhin Gültigkeit hat, gegebenenfalls wird er ruhen, aber nicht zum Erlöschen kommen[244]. Bei politischen Verträgen läßt sich keine abschließende Lösung geben, sondern es hängt vom Inhalt des jeweiligen Vertrages ab; so bleiben Verträge, die erga omnes bestehen, wie zum Beispiel Grenzziehungsverträge, durch den Krieg unberührt[245], während andere politische Verträge, wie zum Beispiel über den Austausch von Militärberatern oder auch Handelsverträge, sicherlich zum Erliegen kommen. Eine klare und eindeutige Antwort läßt sich also nicht geben.

§ 13 Zwischenergebnis

Bevor jetzt die speziellen Rechtsfolgen der Vertragsverletzung behandelt werden, soll noch einmal ein kurzer Überblick über die diese Rechtsfolgen auslösenden Voraussetzungen gegeben werden.

Rechtsfolgen, insbesondere in Form der Wiedergutmachung, sind nur möglich als Konsequenzen eines völkerrechtlichen Delikts. Die Frage, ob auch die Vertragsverletzung ein Delikt im Völkerrecht bedeutet, ist dahingehend zu beantworten, daß eine Vertragsverletzung einen Verstoß gegen den Satz „pacta sunt servanda" bedeutet, der eine grundlegende und zwingende Bestimmung des Völkerrechts darstellt. Diese Verletzung von Völkerrecht bedeutet ein Delikt. Grundsätzlich kann eine Vertragsverletzung also Rechtsfolgen nach sich ziehen.

Der Tatbestand einer Vertragsverletzung ist gegeben, wenn ein staatliches Organ oder ein Individuum, das in irgendeiner Art in einem Abhängigkeitsverhältnis zu dem Staat steht, also Institutionen oder Personen, deren Verhalten sich der Staat als eigenes zurechnen lassen muß, beziehungsweise die durch ihn mediatisiert werden, gegen irgendwelche in einem multilateralen oder bilateralen Vertrag festgelegte

---

[243] *Guggenheim/Marek*, Verträge, Strupp-Schlochauer, Wörterbuch, Bd. III, S. 540.

[244] *Dahm*, Lehrbuch des Völkerrechts, Bd. III, S. 157.

[245] *Guggenheim/Marek*, Verträge, Strupp-Schlochauer, Wörterbuch, Bd. III, S. 540.

Bestimmungen verstößt, das heißt, sie nicht befolgt, ihnen entgegenwirkt oder sie entgegen dem Vertragszweck auslegt, oder ungerechtfertigter- oder unvorhergesehenerweise vom Vertrag zurücktritt oder ihn kündigt. Vertragsverletzung ist jede nicht dem Vertragsinhalt oder -zweck entsprechende Maßnahme, die in irgendeiner Weise zu einer Behinderung der Verfolgung der Vertragsbestimmungen oder zu einer Schädigung des Vertragspartners führen kann.

Eine Vertragsverletzung ist möglich ab Ratifizierung oder ab Unterzeichnung, falls kein Ratifizierungsvorbehalt vorliegt, da vorher der Vertrag noch keine endgültig bindende Wirkung hat. Der Abschluß begründet zwar schon gewisse Pflichten zur Rücksichtnahme, kann aber noch nicht zu Rechtsfolgen führen, da dies einen indirekten Zwang zur Ratifizierung bedeuten würde.

Eine Vertragsverletzung zieht dann nicht irgendwelche Rechtsfolgen nach sich, wenn sich der Verletzer auf Rechtfertigungsgründe berufen kann. Als solche sind vor allem Notwehr, Notstand, Unmöglichkeit und Einwilligung anzusehen. Hinzu kommt noch ein mögliches Eingreifen der „clausula rebus sic stantibus", die besagt, daß eine wesentliche Änderung in den Umständen unter strengen Voraussetzungen zu einem Rücktritt vom Vertrag berechtigen kann. Diese Rechtfertigungsgründe sind zum Teil in der Literatur umstritten, insbesondere die „clausula rebus sic stantibus" und der Notstand, meines Erachtens haben aber auch sie eine Berechtigung im Völkerrecht, das Argument, diese Rechtsinstitute verleiteten zum Mißbrauch, kann nicht als durchschlagend angesehen werden, da Verträge auch sonst gebrochen werden und sich bei einer entsprechend strengen Fassung der Voraussetzungen auch das Eingreifen eines solchen Rechtfertigungsgrundes überprüfen läßt.

Umstritten ist im Völkerdeliktsrecht die Frage, ob Verschuldens- oder Erfolgshaftung gelten soll. Der in der Rechtsprechung herrschenden Meinung, daß der Erfolgshaftung der Vorzug gegeben werden sollte, ist zuzustimmen, da bei einer Vertragsverletzung das Verschulden regelmäßig vorliegt, dieses aber im Beweiswege sehr schwer festzustellen ist. Die Erfolgshaftung sollte aber eingeschränkt werden durch die Möglichkeit des Beweises von Verschulden eines Dritten und durch die Berücksichtigung von Mitverschulden und höherer Gewalt.

Aktiv- und passivlegitimiert sind im Völkerrecht nur die Staaten und Internationalen Organisationen, der Einzelmensch wird durch diese mediatisiert.

III. Die Rechtsfolgen

§ 14 Allgemeines

Im Fall der „Interpretation of Peace Treaties, Second Phase“ vom 18. 7. 1950 heißt es auf Seite 228: “it is clear that refusal to fulfill a treaty obligation involves international responsibility[1].” Daraus ist zwar zu entnehmen, daß eine Vertragsverletzung die Haftung des rechtsbrüchigen Staates begründet, aber über die Arten der Rechtsfolgen und ihre Quellen und über die Rechtsfolgen bei verschiedenen Vertragsarten ist damit noch nichts gesagt. Bevor im folgenden nun die einzelnen Rechtsfolgen untersucht werden sollen, erscheint es zweckmäßig, eine allgemeine Betrachtung über die Quellen der Rechtsfolgen, insbesondere der Wiedergutmachung, und über die verschiedenen Vertragsarten einige allgemeine Ausführungen anzustellen.

Grundsätzlich ist zwischen zweiseitigen (bilateralen) und mehrseitigen (multilateralen) Verträgen zu unterscheiden. In der vorliegenden Arbeit soll der Einfachheit halber von der Behandlung der Rechtsfolgen bei bilateralen Verträgen ausgegangen werden, da diese Grundsätze im allgemeinen auch für die multilateralen Verträge gelten dürften[2]. Soweit für multilaterale Verträge Besonderheiten bestehen, werden diese an den jeweiligen Stellen bei der Behandlung der bilateralen Verträge mit einbezogen, die nur für multilaterale Verträge allein möglichen Rechtsfolgen sollen gesondert unten im § 16 behandelt werden.

Ebenso soll im folgenden auch nicht nach besonderen Vertragsarten und -inhalten differenziert werden, da die verschiedenen Möglichkeiten unbegrenzt sind und allein von der Phantasie der Staaten abhängen. Bei den verschiedenen Rechtsfolgen wird jeweils einzeln geprüft, inwieweit bestimmte Vertragsarten nur bestimmte Rechtsfolgen nach sich ziehen können, und welche Rechtsfolgen jeweils sinnvoller erscheinen. Als Beispiele für das breite Spektrum der Vertragsarten seien hier nur Bündnis-, Friedens-, Handels-, Beistands-, Garantie-, Niederlassungs-, Grenzziehungs- und Doppelbesteuerungsabkommen genannt. Die Hauptunterscheidung kann wohl zwischen politischen und wirtschaft-

---

1 Fontes A I 5, S. 289.

2 *Mc Nair*, Law of Treaties, S. 539.

lichen Verträgen getroffen werden, sofern man nicht auch Wirtschaftsabkommen im Kern als politische Verträge ansieht.

Bei der Frage nach Rechtsfolgen von Vertragsverletzungen ist auszugehen von dem Problem, wo überhaupt Regelungen über mögliche Rechtsfolgen der Vertragsverletzung zu finden sind. Der erste Gedanke führt dabei naturgemäß zu dem verletzten Vertrag selbst, in dem Rechtsfolgen für seine Verletzung genannt sein können[3]. Dieser Fall ist aber insbesondere bei bilateralen Verträgen außerordentlich selten, da im allgemeinen schon die Aushandlung des Vertrages selbst große Schwierigkeiten mit sich bringt und die Festlegung von Rechtsfolgen für die Vertragsverletzung im allgemeinen ein kaum überwindbares Hindernis darstellen würde. So lassen die Vertragspartner meist eine Regelung der Rechtsfolgen aus. Häufiger ist eine Bestimmung der Rechtsfolgen in multilateralen Verträgen, was im § 16 noch gezeigt werden soll.

Ist in einem Vertrag für dessen Verletzung eine bestimmte Rechtsfolge vorgesehen, so geht diese allen anderen möglichen Konsequenzen vor. Dagegen kann aus dem Fehlen einer Rechtsfolgenregelung in einem Vertrag nicht der Schluß gezogen werden, daß eine Vertragsverletzung hier keine Rechtsfolgen nach sich ziehen soll, vielmehr kommt dann die allgemeine Regel des Einstehenmüssens für deliktische Schadenszufügung zum Zuge[4].

Nach der Vertragsverletzung ist es den Staaten natürlich immer noch möglich, einen weiteren Vertrag zu schließen, in dem die Rechtsfolgen für die Verletzung aufgeführt werden, aber auch solche Verträge sind relativ selten, im allgemeinen handelt es sich bei ihnen um Schiedskompromisse, durch die ein Schiedsgericht zur Entscheidung im vorliegenden Streitfall angerufen wird[5]. Dies entspricht dem Fall der Regelung der Rechtsfolgen im verletzten Vertrag selbst.

Zur Feststellung der im Völkerrecht geltenden Regeln über Rechtsfolgen bei Vertragsverletzungen sind zwei Möglichkeiten denkbar. Einmal die Anlehnung an das innerstaatliche Recht, wie sie von Hofer und Spiropoulos vertreten werden[6], was aber wohl abzulehnen ist, da im internationalen Bereich häufig in der Rechtsauffassung Abweichungen zum nationalen Recht bestehen und eine Einheitlichkeit des Völkerrechts nicht möglich wäre, wenn jeder Staat als völkerrechtlich verbindlich ansehen würde, was auch in seinem nationalen Recht Gültigkeit hat. Im Völkerrecht nur die Deliktsfolgen zuzulassen, die auch im

---

[3] *Hoijer*, La Responsabilité Internationale des Etats, S. 264.

[4] *Schüle*, Delikt, Strupp-Schlochauer, Wörterbuch, Bd. I, S. 337.

[5] *Mc Nair*, Law of Treaties, S. 574.

[6] *Lais*, Rechtsfolgen völkerrechtlicher Delikte, S. 40.

nationalen Bereich eines Staates Gültigkeit haben, hieße, das Völkerrecht in ein Abhängigkeitsverhältnis zum innerstaatlichen Recht zu setzen und ihm seine Selbständigkeit zu rauben. Zuzustimmen ist vielmehr der Auffassung, daß sich die Rechtsfolgen aus einer Zusammenfassung der verschiedenen Rechtsordnungen als allgemeine Rechtsgrundsätze und aus der allgemeinen Übung und Rechtsüberzeugung als Gewohnheitsrecht ergeben, wobei das nationale Recht nur bei der Feststellung der allgemeinen Rechtsgrundsätze Bedeutung hat[7].

In der Praxis der Gerichte und auch in der Staatenpraxis haben sich inzwischen gewisse Regeln über die Behandlung der Rechtsfolgen der Vertragsverletzung herausgeschält[8], so daß eine Darstellung trotz der Tatsache. daß in diesem Bereich noch viel der Entscheidung der Staaten im Schiedsvertrag überlassen ist, möglich erscheint.

Als Rechtsquellen zur Feststellung der Regeln über die Rechtsfolgen bei Verletzung völkerrechtlicher Verträge gelten insbesondere Schiedsverträge, die Urteile internationaler Gerichte und Schiedsgerichte und die Literatur, die gemeinsam einen Spiegel des Völkergewohnheitsrechts und der allgemeinen Rechtsgrundsätze bilden.

Eine eindeutige Aussage über die Rechtsfolgen einer Vertragsverletzung vermieden hat der IGH im „Haya de la Torre-Fall"[9], wo er zwar im Urteil vom 20. 11. 1950 entschieden hat, daß Kolumbien durch das dem Peruaner Haya de la Torre in Lima gewährte diplomatische Asyl den Art. 2 Abs. 1 der Konvention von Havanna vom 20. 2. 1928 verletzt habe, da es sich nicht um einen „urgent case" gehandelt habe, sich aber in der Frage, ob Kolumbien Haya de la Torre den peruanischen Behörden übergeben müsse oder für ihn freies Geleit von Lima nach Kolumbien verlangen könne, mit der Erklärung begnügte, daß die Asylgewährung zwar beendet werden müsse, eine Übergabeverpflichtung an Peru aber nicht bestehe, sondern daß sich die Parteien vielmehr im Geiste guter Nachbarschaft einigen sollten. Aus dieser Entscheidung lassen sich also keinerlei Schlüsse bezüglich der Rechtsfolgen bei Vertragsverletzung ziehen.

Man könnte vermuten, daß eine Vertragsverletzung zum automatischen Erlöschen dieses Vertrags führt, da durch den Bruch zum Ausdruck gebracht wird, daß die Partei sich nicht mehr an die Vertragsbestimmungen gebunden fühlen will. Eine solche Lösung würde aber einseitig den Vertragsbrecher begünstigen, denn es ist der Fall denkbar und wohl auch häufig, daß die betroffene Partei am Vertrag festhalten

[7] *Strupp*, Das völkerrechtliche Delikt, S. 211.

[8] *Strupp*, Das völkerrechtliche Delikt, S. 209.

[9] *Bernhardt*, Haya de la Torre-Fall, Strupp-Schlochauer, Wörterbuch, Bd. I, S. 776.

würde, da er ihr gewisse Vorteile bringt, und sie daher andere Rechtsfolgen anstrebt[10]. Zum Erlöschen eines Vertrages kommt es nach der Vertragsverletzung nur, wenn dies auch die geschädigte Partei wünscht (siehe Rücktritt und Kündigung § 15). Dies gilt insbesondere auch für multilaterale „law-making treaties". Der Bruch kann einen solchen Vertrag nicht suspendieren, weil auch das Recht nicht durch seine Verletzung suspendiert wird[11].

Vereinzelt ist bestritten worden, daß überhaupt nach einem Delikt eine Wiedergutmachungspflicht bestehen soll, so sagt Kelsen, daß die eigentlich konsequente Folge des Unrechts die Anwendung von Repressalie und Krieg seien, die Wiedergutmachung diene nur der Hemmung dieser einzigen ordentlichen Rechtsfolgen. Nach einem Fehlschlagen der Wiedergutmachung trete auch Repressalie und Krieg wieder an ihre Stelle[12]. Kelsen widerspricht damit der wohl herrschenden Meinung, daß die Wiedergutmachungspflicht vor der Repressalie und dem Krieg stehe[13]. Dieser herrschenden Meinung ist schon aufgrund des allgemeinen völkerrechtlichen Gewaltverbots des Kellog-Paktes und des Art. 2 UN-Charta zuzustimmen. Außerdem hat das Völkerrecht eine Friedensfunktion, der es nicht entsprechen kann, daß als Rechtsfolge sofort Gewaltmaßnahmen eingreifen können. Dem Sinn des Völkerrechts entspricht es eher, wenn der Zwangsmaßnahme ein Versuch der friedlichen Streitbeilegung vorgeschaltet ist. Da Sanktion und Wiedergutmachung einen unterschiedlichen Charakter haben, können sie aber auch gegebenenfalls nebeneinander existieren[14]. Daß grundsätzlich die Wiedergutmachung vor der Repressalie und dem Krieg steht, läßt sich auch aus dem Urteil des StIG im Chorzow-Fall entnehmen, wo es heißt: "It is a principle of international law that the breach of an engagement involves an obligation to make reparation (Wiedergutmachung) in an adequate form. Reparation therefore is the indispensable complement of a failure to apply a convention and there is no necessity for this to be stated in the convention itself[15]." Das heißt, daß die Wiedergutmachungspflicht auch dann bestehen soll, wenn im gebrochenen Vertrag darüber keine Bestimmungen enthalten sind. Sie stellt also einen Rechtsgrundsatz dar, der unabhängig von Vertragsbestimmungen besteht. Abschließend kann man feststellen, daß, abgesehen von Kelsens Meinung, die Lehre und Rechtsprechung einig sind in der Auffassung,

---

10 *Dahm*, Lehrbuch des Völkerrechts, Bd. III, § 19.

11 *O'Connell*, International Law, S. 268.

12 *Kelsen*, Unrecht und Unrechtsfolge im Völkerrecht, S. 546.

13 *Schoen*, Die völkerrechtliche Haftung der Staaten aus unerlaubten Handlungen, S. 122; *Anzilotti*, Lehrbuch des Völkerrechts, S. 361; *Amador*, State Responsibility, S. 394.

14 *Ago*, Le Délit International, S. 429.

15 PCIJ, Series A, No. 17, S. 29.

daß der Geschädigte zuerst Wiedergutmachung verlangen muß, ehe er zu Zwangsmaßnahmen schreiten darf[16]. Dieser Meinung ist wegen des Grundzwecks des Völkerrechts als Rechtsordnung, die die Gewaltanwendung verhindern soll, zuzustimmen.

Eine Vertragsverletzung darf aber nur zur Begründung von Rechtsfolgen, insbesondere eines Wiedergutmachungsanspruchs, geltend gemacht werden, wenn die sich auf die Rechtsverletzung berufende Partei selbst den Vertrag erfüllt hat[17] oder zumindest willens ist, ihn zu erfüllen. Im Zweifel hat die Erfüllung Zug um Zug zu erfolgen. Ebenso kann sich eine Partei dann nicht auf eine Vertragsverletzung durch die andere Partei berufen, wenn sie sie selbst an der Vertragserfüllung gehindert hat[18]. Auch im Völkerrecht gilt also der Grundsatz, daß sich nur der vertragstreue Partner auf eine Verletzung seitens der anderen Partei berufen kann.

Der Umfang der Wiedergutmachungspflicht ergibt sich vor allem aus Verträgen, die nach der Vertragsverletzung von den Parteien zwecks Beseitigung von deren Folgen geschlossen werden[19]. Allerdings ist fraglich, was bei Verletzung dieser Verträge geschieht, denn auch diese muß Rechtsfolgen, unter Umständen mit einer Wiedergutmachungspflicht, nach sich ziehen. Ebenso ist fraglich, was geschieht, wenn sich die Staaten nicht über den Umfang der Wiedergutmachung einigen können. Die Grundsätze über die Bemessung des Umfangs der Wiedergutmachung müssen also besonders geprüft werden. Der Umfang der Wiedergutmachung ist insbesondere an dem Zweck zu messen, der damit verfolgt wird. Sie soll nämlich die Lage nach Möglichkeit wiederherstellen, die bestanden hätte, wenn das Delikt nicht begangen worden wäre, oder wenigstens den erlittenen Schaden auf irgendeine Weise kompensieren[20]. Demgegenüber hat die Sanktion rein repressiven Charakter.

Die Rechtsfolgen können dreierlei Natur sein, sie können politischen, materiellen oder moralischen Charakter haben[21], wobei ein und dieselbe Rechtsfolge auch mehrere dieser Momente gleichzeitig in sich tragen kann.

---

16 *Bissonnette*, La Satisfaction comme Mode de Réparation en Droit International, S. 12.

17 *Dahm*, Lehrbuch des Völkerrechts, Bd. III, S. 133.

18 Chorzow-Fall, PCIJ, Series A, No. 9, S. 31; *Mc Nair*, Law of Treaties, S. 556.

19 *Kelsen*, Unrecht und Unrechtsfolge im Völkerrecht, S. 550.

20 *Ago*, Le Délit International, S. 525; *Eagleton*, Responsibility of States, S. 182; Mixed Claims Commission, U.S. and Germany, Opinion in the Lusitania Case, November 1. 1923, Decisions and Opinions, Seiten 19, 25.

21 *Levin*, Verantwortlichkeit der Staaten, S. 153.

Bevor nach einer Vertragsverletzung Maßnahmen im Bereich des Völkerrechts ergriffen werden, muß, soweit möglich, der nationale Rechtsweg erschöpft sein[22]. Dies ist aus praktischen Gründen zu betonen, da im allgemeinen die Durchsetzung von Ansprüchen im nationalen Bereich bedeutend einfacher ist als im internationalen.

Nach diesen allgemeinen Erläuterungen sollen nun die einzelnen Rechtsfolgen der völkerrechtlichen Vertragsverletzung behandelt werden. Begonnen werden soll mit den in der Wiener Vertragskonvention genannten Rechtsfolgen, daran anschließend werden die in multilateralen Verträgen vorgesehenen Rechtsfolgen behandelt, die gefolgt werden von der Darstellung der verschiedenen Möglichkeiten der Wiedergutmachung und der Sanktionen.

§ 15 Rücktritt/Kündigung

In Artikel 60 der Wiener Vertragskonvention ist unter der Überschrift „Termination or Suspension of the Operation of a Treaty as a Consequence of its Breach“ gesagt: “1. A material breach of a bilateral treaty by one of the parties entitles the other to invoke the breach as a ground for terminating the treaty or suspending its operation in whole or in part. 2. A material breach of a multilateral treaty by one of the parties entitles: a) the other parties by unanimous agreement to suspend the operation of the treaty in whole or in part or to terminate it either: i) in the relations between themselves and the defaulting state; or ii) as between all the parties; b) a party especially affected by the breach to invoke it as a ground for suspending the operation of the treaty in whole or in part in the relations between itself and the defaulting state; c) any other party than the defaulting to invoke the breach as a ground for suspending the operation of the treaty in whole or in part with respect to itself if the treaty is of such a character that a material breach of its provisions by one party radically changes the position of every with respect to the further performance of its obligations under the treaty.”

In Art. 60 WVK wird also als Rechtsfolge der Verletzung eines völkerrechtlichen Vertrages der Rücktritt beziehungsweise die Kündigung oder die Suspendierung seitens der betroffenen Partei oder Parteien genannt. Diese Rechtsfolge ist die einzige, die in der Wiener Konvention angeführt wird, da keine Einigung über weitere, schwerere mögliche Rechtsfolgen zu erzielen war. Die in Art. 60 WVK vorgenommene Trennung zwischen bilateralen und multilateralen Verträgen soll auch

[22] *Hoijer,* La Responsabilité Internationale, S. 65.

in der folgenden Bearbeitung beibehalten werden, wobei mit dem Rücktritt vom bilateralen Vertrag begonnen werden soll.

In der Literatur werden verschiedene Begriffe für das in Art. 60 WVK enthaltene Recht verwendet, nämlich Rücktritt und Kündigung, die aber als Rechtsfolge der Vertragsverletzung denselben Aussagewert und dieselbe Wirkung haben. So werden diese beiden Begriffe auch von denselben Autoren gleichzeitig verwendet, so zum Beispiel von Wengler[23]. Wenn in der folgenden Darstellung also einmal vom Rücktritt und einmal von der außerordentlichen Kündigung gesprochen wird, so ist damit dasselbe Rechtsinstitut gemeint.

Bei Verletzung eines bilateralen Vertrages hat die betroffene Partei das Recht, von sämtlichen oder von einem Teil der Vertragsbestimmung zurückzutreten. Die Aufnahme dieser Vorschrift in die Wiener Vertragskonvention entspricht althergebrachter Auffassung in Völkerrechtslehre und -praxis[24]. In diesem Rücktritt ist eine Sanktion der Gegenpartei zu sehen[25]. Wichtig ist, daß sich der Rücktritt auch auf einzelne Vertragsbestimmungen beziehen kann, da sich dadurch die die Kündigung erklärende Partei vor der Gefahr schützen kann, auch ihr selbst günstige Vertragsbestimmungen, die bisher erfüllt worden sind, beseitigen zu müssen, was im Interesse des rechtsbrüchigen Vertragspartners wäre. Außerdem lassen sich in umfangreichen Vertragswerken häufig Teilregelungen abspalten, ohne daß das restliche Vertragswerk betroffen wird. In einem solchen Fall wäre es sinnlos, den ganzen Vertrag zu Fall bringen zu müssen, obwohl die Parteien an einem großen Teil der Bestimmungen festhalten wollen, nur weil die durch eine Vertragsverletzung betroffene Partei sich von einem Teil der Vertragsvorschriften lösen will[26]. Auf der anderen Seite können zwei getrennt abgeschlossene Verträge in ihrem Inhalt auch so eng miteinander ver-

---

[23] *Wengler*, Lehrbuch des Völkerrechts, S. 537.

[24] *Dahm*, Lehrbuch des Völkerrechts, Bd. III, S. 134; *Wengler*, Lehrbuch des Völkerrechts, S. 537; *Wengler*, Lehrbuch des Völkerrechts, S. 539: Rücktritt kann sich auf einzelne Vertragsnormen beschränken; *O'Connell*, International Law, S. 267; Präsident Coolidge im Tacna-Arica-Fall, UN-Reports, Vol. II, S. 921 - 929.

Nur Harvard Research stimmt damit nicht überein und sagt: "The aggrieved State may only 'suspend provisionally' performance of its obligations under the treaty" (Harvard Research, A. J. Vol. 29, 1935, Art. 27 und S. 1176). Dies bedeutet aber keinen reinen Widerspruch zur herrschenden Meinung, vielmehr wird damit bezweckt, die Kündigung nicht zu einem alltäglichen Mittel bei jeder kleinsten Vertragsverletzung werden zu lassen.

Mc Nair, Law of Treaties, S. 571; *Mc Nair*, Law of Treaties, S. 570, Zitat von Justice Iredell in Ware v. Hylton 1796; *Schweisfurth*, Der internationale Vertrag in der modernen sowjetischen Völkerrechtstheorie, S. 300.

[25] *Guggenheim/Marek*, Vertrag, Strupp-Schlochauer, Wörterbuch, Bd. III, S. 539.

[26] *Mc Nair*, Law of Treaties, S. 571 (d).

knüpft sein, daß die Verletzung des einen das Recht zum Rücktritt vom anderen gibt[27].

Fraglich ist, ob jede Art der Vertragsverletzung ein Recht zum Rücktritt vom Vertrag gibt, oder ob zur Berechtigung eines solchen doch sehr weitgehenden Schrittes eine schwere Vertragsverletzung vorliegen muß, wie dies von Harvard Research (s.o.) vertreten wird. Für ein Kündigungsrecht nur bei schweren Vertragsverletzungen spricht, daß nur hierdurch der Gefahr begegnet werden kann, daß eine Vertragspartei unbedeutende Vertragsverletzungen der anderen Partei zum Anlaß nimmt, um sich von einem ihr unbequemen Vertrag zu lösen[28]. Schwierigkeiten wird es hierbei dann immer bei der Definition des Begriffes „schwere Vertragsverletzung" geben, denn selbstverständlich wird die Partei, die vom Vertrag zurücktreten will, immer einen schweren Verstoß behaupten. Dies Argument allein darf aber nicht davon abschrecken, im Völkerrecht an das Eingreifen gewisser Rechtsfolgen strenge Anforderungen zu stellen, denn nicht die Berufung einer Partei auf den Rücktrittsgrund ist maßgeblich, sondern das objektive Urteil. Es ist also der Meinung zuzustimmen, die besagt, daß das Rücktrittsrecht nur bei schweren Vertragsverstößen eingreift, um nicht ein zu leichtes Argument für das Lösen eines unbequemen Vertrages zu geben[29]. Als schwer ist eine Vertragsverletzung dann anzusehen, wenn sie gegen grundlegende Vorschriften des Vertrages verstößt und die Erreichung des Vertragszweckes ernsthaft gefährdet.

Die Rechtmäßigkeit einer Rücktrittserklärung hängt natürlich davon ab, ob tatsächlich eine Vertragsverletzung gegeben ist[30], sehr häufig wird nämlich eine Vertragsverletzung gerügt, die in Wirklichkeit nicht vorliegt[31], weiterhin ist eine Kündigung aber auch nur dann rechtmäßig, wenn der sich auf das Kündigungsrecht berufende Staat selbst die vertraglichen Verpflichtungen erfüllt oder zumindest Erfüllungsbereitschaft gezeigt hat[32]. Insbesondere kann sich eine Partei nicht auf ein Rücktrittsrecht berufen, wenn sie selbst das Ereignis verschuldet hat, das zur Vertragsverletzung geführt hat[33]. Ebenso dürfte es für eine Partei schwer sein, sich auf ein Rücktrittsrecht zu berufen, wenn ein Teil des Vertrages bereits erfüllt und der andere Teil noch erfüllbar ist, und diese bisher die Vorteile aus der Vertragsabwicklung gezogen

---

[27] *Mc Nair*, Law of Treaties, S. 571 (e).

[28] *Wengler*, Lehrbuch des Völkerrechts, S. 537.

[29] *Mc Nair*, Law of Treaties, S. 571.

[30] *Guggenheim/Marek*, Vertrag, Strupp-Schlochauer, Wörterbuch, Bd. III, S. 539, B, 2.

[31] *Dahm*, Lehrbuch des Völkerrechts, Bd. III, S. 135.

[32] *Dahm*, Lehrbuch, Bd. III, S. 133.

[33] *Mc Nair*, Law of Treaties, S. 688.

hat[34], denn diese Lösung wäre eine ungerechtfertigte Begünstigung der verletzten Partei, für die die Vertragsverletzung geradezu ein Segen wäre.

Die Rechtmäßigkeit der Rücktrittserklärung setzt also eine tatsächlich vorliegende schwere Vertragsverletzung und die Erfüllung der vertraglichen Verpflichtung durch die durch den Vertragsbruch geschädigte Partei voraus.

Durch die Verletzung kommt der Vertrag nicht automatisch zum Erlöschen, sondern das Kündigungsrecht muß ausdrücklich ausgeübt werden, da der Verletzte auch die Möglichkeit haben muß, am Vertrag festzuhalten und Wiedergutmachung zu verlangen[35]. Die Ausübung des Kündigungsrechts steht völlig im Belieben der verletzten Partei, muß aber in einem angemessenen Zeitraum nach der Vertragsverletzung ausgeübt werden[36], da auch das Vertrauen der anderen Vertragspartei in den Bestand des Vertrages schutzwürdig ist. Fraglich ist aber, ob vor der Ausübung des Rücktrittsrechts dessen Androhung erfolgen muß, um dem Vertragsverletzer noch eine Möglichkeit zur Vertragseinhaltung zu geben. Dies wird von Wengler[37] und Dahm[38] bejaht, und dem ist meines Erachtens zuzustimmen, da der Vertragsverletzer nicht notwendigerweise Kenntnis von der Tatsache hat, daß sein Verhalten eine Vertragsverletzung bedeutet. Außerdem muß ihm Gelegenheit gegeben werden, sich zu dem Vorwurf der Vertragsverletzung zu äußern beziehungsweise die Vertragsverletzung zu beseitigen und zukünftige Vertragstreue zuzusichern, um so den Bestand des Vertrages zu retten.

Nur wenn die verletzte Partei von ihrem Rücktrittsrecht keinen Gebrauch macht, entsteht für sie der Wiedergutmachungsanspruch[39], es scheint also Alternativität zwischen Rücktritt und Geltendmachung des Wiedergutmachungsanspruchs zu bestehen, insoweit kann die verletzte Partei die ihr geeigneter erscheinende Rechtsfolge wählen. Ist allerdings ein größerer Schaden infolge der Vertragsverletzung aufgetreten, so muß meines Erachtens neben der Rücktrittserklärung auch ein Wiedergutmachungsanspruch möglich sein, da sonst die verletzte Partei, die das Vertrauen in ihren Vertragspartner verloren hat, sich nur entweder vom Vertrag lösen kann, aber dafür den Schaden selbst tragen muß, oder aber am Vertrag festhalten kann und dann den

---

34 *Mc Nair*, Law of Treaties, S. 671 f.

35 *Dahm*, Lehrbuch, Bd. III, S. 137.

36 *Mc Nair*, Law of Treaties, S. 571 b und c.

37 *Dahm*, Lehrbuch des Völkerrechts, Bd. III, S. 137.

38 *Wengler*, Lehrbuch des Völkerrechts, S. 538.

39 *Kelsen*, Unrecht und Unrechtsfolge im Völkerrecht, S. 545.

Schaden ausgeglichen erhält. Eine solche Lösung wäre für die verletzte Partei aber sehr nachteilig.

Bei multilateralen Verträgen gelten bezüglich Rechtmäßigkeit, Voraussetzungen, Zeitpunkt der Geltendmachung und Pflicht zur vorherigen Androhung des Rücktritts grundsätzlich dieselben Regeln wie beim bilateralen Vertrag. Ein Rücktritt dürfte bei einem multilateralen Vertrag aber selten sein, da durch diesen insbesondere die vertragstreuen Partner getroffen werden, die ein Interesse an der Abwicklung des Vertrages haben und keine Verantwortung für dessen Verletzung tragen[40]. Bei der Zulassung des Rücktritts von multilateralen Verträgen sind daher Einschränkungen zu machen. Sicherlich ist ein Rücktritt zulässig, wenn alle Vertragspartner einer Partei gegenüber vertragsbrüchig geworden sind, oder wenn eine Partei allen anderen gegenüber den Vertrag verletzt hat[41], denn in diesen Fällen gibt es eigentlich nur zwei sich gegenüberstehende Parteien, wenn auch die eine aus mehreren Staaten besteht. Sobald aber in einer kollektiven Vertragsbeziehung drei Interessengruppen auftreten, erscheint der Rücktritt als Rechtsfolge der Vertragsverletzung unbillig, da dadurch auch die dritte, unbeteiligte Partei, betroffen würde. In diesem Fall müssen andere Rechtsfolgen eingesetzt werden. Auch bei Verträgen rein humanitären Charakters erscheint die Zubilligung eines Rücktrittsrechts außerordentlich zweifelhaft, da sie nicht den Staat, sondern in erster Linie dem Einzelmenschen zugute kommen sollen. Der Auffassung Dahms[42] ist insoweit zuzustimmen.

In Art. 60 Abs. 2 WVK wird eine Sonderregelung für multilaterale Verträge getroffen. Danach können die Vertragspartner einstimmig teilweise oder insgesamt gegenüber dem Vertragsbrecher kündigen oder suspendieren, was in der Wirkung einem Ausschluß entspräche, oder sie können den Vertrag zwischen allen Parteien aufheben, womit aber häufig nicht den Interessen aller Parteien gedient ist. Weiterhin kann eine Partei, die durch die Vertragsverletzung besonders betroffen ist, nach Art. 60 Abs. 2 WVK den Vertrag zwischen ihr und dem Verletzer suspendieren, was aber insofern keine optimale Lösung darstellt, als dadurch der Vertrag in zwei Teile gespalten wird. Außerdem kann nach Art. 60 Abs. 2 WVK die Vertragsverletzung eine dritte nicht unmittelbar betroffene Partei zu einer Berufung auf die „clausula rebus sic stantibus“ berechtigen, wenn die verletzte Vertragsbestimmung ihren Wert gerade durch die Einhaltung seitens aller Parteien erhält und bereits die Verletzung durch eine Partei eine wesentliche

---

[40] *Schweisfurth*, Der internationale Vertrag in der modernen sowjetischen Völkerrechtstheorie, S. 301.

[41] *Verdross*, Lehrbuch des Völkerrechts, S. 178.

[42] *Dahm*, Lehrbuch des Völkerrechts, Bd. III, S. 134.

Änderung in den Umständen bedeutet. Aus der Wiener Vertragskonvention läßt sich entnehmen, daß zwar ebenfalls bei multilateralen Verträgen als Rechtsfolge bei einer Vertragsverletzung der Rücktritt möglich ist, aber doch eher eine Ausnahme bleibt, da wohl der Ausschluß des Vertragsbrechers das angemessenere Mittel darstellt (siehe § 16), dies insbesondere darum, weil der Rücktritt auch immer die übrigen, nicht unmittelbar betroffenen Vertragsparteien treffen würde[43]. Die bei der Verletzung multilateraler Verträge wohl häufigeren, auch vertraglich vorgesehenen angemesseneren Rechtsfolgen sollen nun im nachfolgenden Paragraphen behandelt werden.

§ 16 Rechtsfolgen, die speziell bei Verletzung multilateraler Verträge gelten

1. Ausschluß

Während sich in bilateralen Verträgen im allgemeinen keine Regelungen über Rechtsfolgen der Verletzung dieses Vertrages finden, ist die Regelung in multilateralen Verträgen häufiger. In der folgenden Darstellung soll daher von den in den multilateralen Verträgen getroffenen Rechtsfolgeregelungen ausgegangen werden. Die Vertragstexte entstammen insbesondere der Sammlung von Berber[44]. Wesentlich ist bei der Verletzung eines Kollektivvertrages die Tatsache, daß durch das deliktische Verhalten nicht nur der direkt betroffene Staat, sondern alle Vertragsparteien zumindest ideellen Schaden erlitten haben, und das nicht etwa nur wegen eines Verstoßes gegen „pacta sunt servanda“, sondern wegen der Verletzung des speziellen Vertrages, an dessen Einhaltung alle Parteien ein berechtigtes Interesse haben[45]. Da der Rücktritt, wie oben gezeigt, bei der Verletzung multilateraler Verträge kein adäquates Mittel ist, da die übrigen Staaten ein Interesse am Bestand des Vertrages haben, bietet sich als Alternative nur der Ausschluß des Vertragsbrechers an[46], wie es auch in der Wiener Vertragskonvention gesagt wird[47].

---

[43] Siehe zu Rücktritt und Kündigung auch: *Chin*, The Peoples Republic of China and the Law of Treaties, S. 88 ff.

[44] *Berber*, Völkerrecht, Bd. I, Friedensrecht, Bd. II, Konfliktsrecht.

[45] *v. Münch*, Das völkerrechtliche Delikt in der modernen Entwicklung der Völkerrechtsgemeinschaft, S. 140.

[46] *Wengler*, Lehrbuch des Völkerrechts, S. 537; *Mc. Nair*, Law of Treaties, S. 580; *Schweisfurth*, Der internationale Vertrag in der modernen sowjetischen Völkerrechtstheorie, S. 301.

[47] Art. 60 Abs. II WVK; *O'Connell*, International Law, S. 267.

Als schärfstes Mittel des Vorgehens gegen einen Vertragsverletzer ist in vielen multilateralen Verträgen sein Ausschluß vorgesehen, so im Art. 16 der Satzung des Völkerbundes für den Fall[48] des Friedensbruchs, der als eine Vertragsverletzung angesehen wird, im Art. 6 der Charta der Vereinten Nationen[49], im Art. VI Abschn. 2 des Abkommens über die Internationale Bank für Entwicklung und Wiederaufbau[50], im Art. XV Abschn. 2 des Abkommens über den Internationalen Währungsfonds[51], im Art. 18 des Vertrages der Staaten der arabischen Liga[52], im Art. 24 der europäischen Organisation für die Entwicklung und den Bau von Raumfahrzeugen (ELDO)[53] und im Art. 18 des Übereinkommens zur Gründung einer europäischen Weltraumforschungsorganisation (ESRO)[54].

Allen diesen vertraglichen Ausschlußklauseln ist gemeinsam, daß der Ausschluß des Vertragsverletzers nur von einer qualifizierten Mehrheit ausgesprochen werden kann, womit möglichst weitgehend verhindert werden soll, daß ein Teil der Mitgliedstaaten ein ihnen unliebsames Mitglied auf diese Weise aus dem Vertragsverband entfernen können. Zum Teil wird sogar Einstimmigkeit für diesen wichtigen und weitgehenden Beschluß verlangt[55]. Mit dem Ausschluß enden die Rechte und Pflichten, die sich für den Vertragsverletzer aus dem

---

48 Art. 16 Abs. 4 Satzung des Völkerbundes: „Jedes Mitglied, das sich der Verletzung einer aus der Satzung entspringenden Verpflichtung schuldig macht, kann aus dem Bunde ausgeschlossen werden."

49 Art. 6 UN-Charta: „Ein Mitglied der Vereinten Nationen, das die Grundsätze dieser Charta beharrlich verletzt, kann auf die Empfehlung des Sicherheitsrats durch die Generalversammlung aus der Organisation ausgeschlossen werden."

50 Art. VI Abschnitt 2: „Wenn ein Mitglied eine seiner Verpflichtungen gegenüber der Bank nicht erfüllt, so kann diese es auf Beschluß einer Mehrheit der Gouverneure, die eine Mehrheit der gesamten Stimmenzahl vertreten, von der Mitgliedschaft suspendieren. Das auf diese Art suspendierte Mitglied verliert seine Mitgliedschaft automatisch ein Jahr nach dem Zeitpunkt seiner Suspendierung, es sei denn, daß mit derselben Mehrheit beschlossen wird, es wieder in seine Mitgliedschaft einzusetzen."

51 Art. XV Abschnitt 2 b: „Wenn das Mitglied nach Ablauf einer angemessenen Frist weiterhin seine Verpflichtungen nach diesem Abkommen nicht erfüllt, oder wenn eine Meinungsverschiedenheit zwischen einem Mitglied und dem Fonds andauert, so kann das betreffende Mitglied ... zum Austritt aus dem Fonds aufgefordert werden."

52 Art. 18 Abs. 2: „Le Conseil de la Ligue peut exclure tout membre qui n'a pas rempli les engagements résultant du présent Pacte. L'exclusion est prononcée à l'unanimité des votes, non compris celui de l'Etat visé."

53 Art. 24 ELDO: „Kommt ein Mitgliedstaat seinen Verpflichtungen aus diesem Übereinkommen nicht nach, so verliert er ... die Mitgliedschaft in der Organisation."

54 Art. 18 ESRO: „Kommt ein Mitgliedstaat seinen Verpflichtungen aus diesem Übereinkommen nicht nach, so verliert er seine Mitgliedschaft in der Organisation."

55 Siehe zum Beispiel Art. 18 Abs. 2 des Vertrages der Staaten der arabischen Liga.

Vertrag ergeben. Verpflichtungen, die vor dem Ausschluß entstanden sind, hat er im allgemeinen aber noch zu erfüllen. Soweit neben dem Ausschluß noch auf weitere Rechtsfolgen erkannt worden ist, zum Beispiel auf Wiedergutmachung, muß er natürlich auch noch diesen Verpflichtungen Genüge leisten. Die Bestimmungen eines Kollektivvertrages, die gewohnheitsrechtlichen Charakter bekommen haben (so z. B. das Gewaltverbot der UN-Charta) behalten ihre verpflichtende Wirkung für den Vertragsbrecher auch nach dem Ausschluß, da sie als allgemeines Völkergewohnheitsrecht neben den vertraglichen Verpflichtungen stehen und einen eigenständigen Geltungsanspruch gegenüber allen Staaten der Erde haben.

2. Suspendierung vom Vertrag

Bevor ein Staat wegen einer Vertragsverletzung aus dem Vertragsverband ausgeschlossen werden kann oder soll, sehen einige Verträge als ersten Schritt, der auch gleichzeitig als Warnung dient, die Suspendierung der Mitgliedschaft des Staates vom Vertrag vor, so im Art. VI Abschnitt 2 des Abkommens über die Internationale Bank für Wiederaufbau und Entwicklung[56] und im Art. 29 des Europäischen Währungsabkommens[57]. Die Suspendierung stellt eine Zwischenstufe zwischen Mitglied und Nichtmitglied dar. Im allgemeinen ist das Mitglied während der Suspendierung nicht berechtigt, irgendeines der Rechte aus dem Kollektivvertrag auszuüben, auf der anderen Seite bleibt es aber weiterhin den aus dem Vertrag resultierenden Verpflichtungen unterworfen[58]. Dieser Zustand ist für den Vertragsverletzer sehr unerfreulich, und er wird häufig nicht bereit sein, Verpflichtungen zu erfüllen, wenn ihm gleichzeitig die Rechte aberkannt werden. Die Nichterfüllung der Verpflichtungen führt dann aber zum Ausschluß. Der wesentliche Unterschied zwischen Ausschluß und Suspendierung liegt darin, daß die Suspendierung die Mitgliedschaft nicht beendet, so daß nach deren Aufhebung der Staat automatisch wieder vollberechtigtes Mitglied

[56] Art. VI Abschn. 2.

[57] Art. 29 Europäisches Währungsabkommen: „a) Sofern der Fall vom Direktorium oder einer anderen vorher von der Organisation zu diesem Zweck errichteten oder bestimmten Stelle geprüft worden ist, kann die Organisation entscheiden, daß die Anwendung dieses Abkommens gegenüber einer Vertragspartei unter Bedingungen, die von der Organisation festgesetzt werden, suspendiert wird, und zwar 1. wenn diese Vertragspartei eine Verpflichtung auf Grund eines der Beschlüsse der Organisation nicht erfüllt, die im Rahmen dieses Abkommens gefaßt werden oder die sich auf die Handelspolitik oder die Liberalisierung des Warenverkehrs oder der unsichtbaren Transaktion beziehen, oder 2. aus jedem anderen Grunde, der vorher in einem Beschluß der Organisation bestimmt worden ist."

[58] Art. VI, Abschn. 2, Abs. 2 des Abkommens über die Internationale Bank für Wiederaufbau und Entwicklung.

des Vertragsverbandes wird, während ein einmal ausgeschlossener Staat sich der normalen Prozedur unterwerfen muß, die für Staaten gilt, die sich einem kollektiven Vertrag anschließen oder in eine Internationale Organisation eintreten wollen. Die Suspendierung stellt also eine Vorstufe zum Ausschluß dar.

3. Entzug von Leistungen und Vergünstigungen

Eine weitere Rechtsfolge für Vertragsverletzung, die in einem Kollektivvertrag, insbesondere im Gründungsvertrag einer Internationalen Organisation, vorgesehen sein kann, ist der Entzug von Leistungen und Vergünstigungen, so sieht Art. IV Abschnitt 6 des Abkommens über den Internationalen Währungsfonds vor, daß bei ungenehmigter Paritätsänderung der den Vertrag verletzende Staat das Recht auf Inanspruchnahme der Mittel des Fonds verliert[59]. Eine solche Rechtsfolge kann für den den Vertrag verletzenden Staat sehr tiefgreifende Konsequenzen haben, insbesondere wenn er auf derartige Leistungen oder Vergünstigungen angewiesen ist. Auch in diesem Fall bleibt der Staat zwar Mitglied des Vertragsverbandes, er kommt aber nicht in den Genuß der Vorteile des Abkommens. Diese Rechtsfolge stellt ein Zwangsmittel gegenüber dem Vertragsverletzer dar, in Zukunft die Vertragsbestimmungen einzuhalten, sie hat repressiven Charakter.

4. Entzug des Stimmrechts

Eine weitere Rechtsfolge, die eine Einschränkung der Ausübung der im Vertrag vorgesehenen Rechte bedeutet, ist der Entzug des Stimmrechts, der zwar dem Vertragsbrecher die Mitgliedschaft im Vertragsverband der Internationalen Organisation beläßt, ihm aber die Möglichkeit nimmt, am organisationsinternen Willensbildungsprozeß teilzuhaben. Der Entzug des Stimmrechts ist zum Beispiel vorgesehen in Art. 19 der UN-Charta für den Fall, daß ein Mitgliedstaat seinen Beitragsverpflichtungen nicht nachkommt[60]. In der XIX. Tagung der UN-Vollversammlung hatten die USA versucht, dieses Mittel gegen-

---

[59] Art. IV Abschn. 6: „Ändert ein Mitglied in Fällen, in denen der Fonds einspruchsberechtigt ist, trotz des Einspruchs des Fonds die Parität einer Währung, so verliert das Mitglied sein Recht auf Inanspruchnahme der Mittel des Fonds ...“

[60] „Ein Mitglied der Vereinten Nationen, das mit der Zahlung seiner finanziellen Beiträge an die Organisation im Rückstand ist, hat in der Generalversammlung kein Stimmrecht, wenn der rückständige Betrag die Höhe der Beträge erreicht oder übersteigt, die dieses Mitglied für die vorausgegangenen zwei vollen Jahre schuldet.“ Art. 19 UN-Charta.

über den UdSSR und Frankreich anzuwenden[61], weil diese in Beitragsstreik wegen des UN-Engagements im Kongo getreten waren. Zu einer Anwendung des Art. 19 UN-Charta ist es aber nicht gekommen, da ein Kompromiß geschlossen und die Kosten für die Kongo-Truppen der Vereinten Nationen aus anderen Quellen gedeckt wurden.

Ebenso ist als Rechtsfolge der Vertragsverletzung der Entzug des Stimmrechts vorgesehen in Art. 88 des Abkommens über die Internationale Zivilluftfahrt (ICAO)[62], im Art. XIX der Satzung der Internationalen Atomenergie-Organisation[63] und im Art. 13 Abs. 4 der Satzung der Internationalen Arbeitsorganisation[64]. Der Entzug des Stimmrechts hat für den Vertragsverletzer insofern einschneidende Wirkung, als er sich nicht mehr an Beschlüssen beteiligen kann, die unter Umständen auch ihm weitere Verpflichtungen auferlegen. Er ist dann an Entscheidungen gebunden, an deren Vorbereitung und Fällung er nicht maßgeblich beteiligt war.

5. Boykott

Als Rechtsfolgen für die Vertragsverletzung, insbesondere für Verstöße gegen das Gewaltverbot, kommt als internatonale Sanktion weiter ein Boykott im wirtschaftlichen oder sonstigen Bereich in Betracht. So sah Art. 16 der Satzung des Völkerbundes für den Fall des Friedensbruches den Wirtschaftsboykott, Finanzboykott und Verkehrsboykott vor[65].

---

[61] *Levin*, Verantwortlichkeit der Staaten, S. 188.

[62] Art. 88 ICAO: „Wird festgestellt, daß ein Vertragsstaat die Bestimmungen dieses Kapitels nicht einhält, so hebt die Versammlung sein Stimmrecht in der Versammlung und im Rat zeitweilig auf."

[63] Art. XIX A Satzung Int. Atomenerg. Org.: „Ein Mitglied der Organisation, das mit der Zahlung seiner finanziellen Beiträge an die Organisation im Rückstand ist, hat kein Stimmrecht in der Organisation, wenn der Rückstand den Betrag der von ihm für die vorangegangenen zwei Jahre geschuldeten Beiträge erreicht oder übersteigt."

[64] Art. 13, IV ILO: „Ein Mitglied der Organisation, das mit der Zahlung seines Beitrages zu den Kosten der Organisation in Rückstand ist, kann an den Abstimmungen der Konferenz, des Verwaltungsrates oder eines Ausschusses sowie an den Wahlen von Mitgliedern des Verwaltungsrates nicht teilnehmen, wenn der Betrag ..."

[65] Art. 16 Satzung des Völkerbundes: „Schreitet ein Bundesmitglied entgegen den in den Artikeln 12, 13 und 15 übernommenen Verpflichtungen zum Kriege, so wird es ohne weiteres so angesehen, als hätte es eine Kriegshandlung gegen alle anderen Bundesmitglieder begangen. Diese verpflichten sich, unverzüglich alle Handels- und Finanzbeziehungen zu ihm abzubrechen, ihren Staatsangehörigen jeden Verkehr mit den Staatsangehörigen des vertragsbrüchigen Staates zu untersagen und alle finanziellen, Handels- und persönlichen Verbindungen zwischen den Staatsangehörigen dieses Staates und jedes anderen Staates, gleichviel ob Bundesmitglied oder nicht, abzuschneiden."

Ebenso sieht die UN-Charta im Art. 41 gewisse friedliche Sanktionen in Form von Wirtschafts-, Verkehrs-, Post- und Telegraphenboykott für den Fall einer Vertragsverletzung in Form der Friedensgefährdung oder des Friedensbruches vor[66]. Insbesondere in der heutigen Zeit, in der es kaum einen Staat gibt, der wirtschaftlich autark ist, in der die Staaten vielmehr vom Austausch ihrer Rohstoffe und Industrieprodukte leben, ist ein Wirtschaftsboykott eine sehr harte Maßnahme, um einen Staat zur Vertragsbefolgung zu zwingen. Ebenso liegt es auch beim Boykott der Verkehrs- und Postwege, ohne die ein Staat völlig von der Außenwelt abgeschnitten wird und den Anschluß an die Entwicklung in der Welt verliert. So einschneidend ein Boykott auch ist, so ist diese Maßnahme doch nur dann wirkungsvoll, wenn sich tatsächlich alle Staaten an den Boykottbeschluß halten. Im Fall Rhodesiens hat sich gezeigt, daß dies in der Praxis aufgrund der Eifersucht der Staaten untereinander nicht leicht möglich ist. Die Staaten stellen häufig die eigenen wirtschaftlichen Interessen vor internationale Gebote. Sobald auch nur ein Staat sich nicht an den Boykottbeschluß hält, werden die anderen ihm in diesem Verhalten folgen aus der Angst, der andere könne in der Zwischenzeit durch die Beziehungen zu dem Vertragsbrecher wirtschaftliche und sonstige Vorteile erzielen. Die Chancen der wirkungsvollen Durchführung erscheinen also recht gering, so daß die Anwendung eines Boykotts als Rechtsfolge einer Vertragsverletzung in der Praxis wenig Bedeutung hat.

6. Militärische Intervention

Als schwerste Rechtsfolge der Vertragsverletzung durch Friedensgefährdung sehen die Satzung des Völkerbunds[67] und die UN-Charta[68]

---

66 Art. 41 UN-Charta: „Der Sicherheitsrat kann beschließen, welche Maßnahmen — unter Ausschluß von Waffengewalt — zu ergreifen sind, um seinen Beschlüssen Wirksamkeit zu verleihen; er kann die Mitglieder der Vereinten Nationen auffordern, diese Maßnahmen durchzuführen. Sie können die vollständige oder teilweise Unterbrechung der Wirtschaftsbeziehungen, des Eisenbahn-, See- oder Luftverkehrs, der Post-, Telegraphen- und Funkverbindungen sowie sonstiger Verkehrsmöglichkeiten und den Abbruch der diplomatischen Beziehungen einschließen."

67 Art. 16 Abs. 2 Satzung des Völkerbundes: „In diesem Falle ist der Rat verpflichtet, den verschiedenen beteiligten Regierungen vorzuschlagen, mit welchen Land-, See- und Luftstreitkräften jedes Bundesmitglied für sein Teil zu der bewaffneten Macht beizutragen hat, die den Bundesverpflichtungen Achtung zu verschaffen bestimmt ist."

68 Art. 42 UN-Charta: „Ist der Sicherheitsrat der Auffassung, daß die in Art. 41 vorgesehenen Maßnahmen unzulänglich sein würden oder sich als unzulänglich erwiesen haben, so kann er mit Luft-, See- oder Landstreitkräften die zur Wahrung oder Wiederherstellung des Weltfriedens und der internationalen Sicherheit erforderlichen Maßnahmen durchführen. Sie können Demonstrationen, Blockaden und sonstige Einsätze der Luft-, See- oder Landstreitkräfte von Mitgliedern der Vereinten Nationen einschließen."

die militärische Intervention vor. Dem Wortlaut der UN-Charta nach erscheint diese Möglichkeit als empfindlichste Sanktion gegen Vertragsverletzung und als Waffe, die bereits vor der Friedensgefährdung zurückschrecken läßt. In der Praxis ist der Art. 42 der UN-Charta aber ein recht stumpfes Schwert, da die Großmächte im Sicherheitsrat das Veto-Recht besitzen, so daß ein Beschluß zum Einsatz von UN-Truppen außer im Korea-Krieg, als die UdSSR die Versammlung des Sicherheitsrats boykottiert hatten, nie zustande gekommen ist. Die in anderen Krisengebieten stationierten UN-Truppen sind nicht zum Zwecke einer militärischen Intervention eingesetzt, sondern sollen nach Möglichkeit neue Zusammenstöße durch ihre Gegenwart verhindern und Beobachterfunktionen ausüben. Wie gering der Respekt der UN-Mitgliedstaaten vor dem möglichen Einsatz von UN-Truppen ist, zeigt die Tatsache, daß zwischen ihnen immer wieder Kriege ausbrechen. Ein deutliches Beispiel dafür sind die israelisch-arabischen Kriege. Die militärische Intervention kann also nicht als geläufige Rechtsfolge der Vertragsverletzung angesehen werden.

7. Wiedergutmachung

Bisweilen wird in internationalen Verträgen als Rechtsfolge für deren Verletzung Wiedergutmachung beziehungsweise Kompensation vereinbart. Diese Rechtsfolge entspricht in ihrer Rechtsnatur und ihrem Charakter der Wiedergutmachung bei bilateralen Verträgen und soll daher dort behandelt werden.

Die in den folgenden Paragraphen dargestellten Rechtsfolgen bei Verletzung bilateraler Verträge sind alle auch auf die Verletzung multilateraler Verträge anwendbar, an dieser Stelle soll daher nur auf sie verwiesen werden als weitere mögliche Rechtsfolgen bei Verletzung von Kollektivverträgen.

§ 17 Naturalrestitution

Es besteht grundsätzlich ein Interesse der Staaten, für den Schaden, den sie aufgrund eines Vertragsbruches erlitten haben, vom Verletzer Ausgleich zu erhalten. Dieser Fragenkreis wird umschrieben mit dem Begriff der Wiedergutmachung (réparation). Wenn man vom innerstaatlichen Recht ausgeht, so gelten zumindest im deutschen Recht Naturalrestitution und Schadensersatz als Hauptmöglichkeiten der Wiedergutmachung, wobei nach dem Wortlaut des BGB der Naturalrestitution der Vorrang gebührt. Auch im Völkerrecht sind diese

Arten der Wiedergutmachung denkbar, im folgenden sollen sie daher in ihrer Rechtsnatur dargestellt werden, wobei besonders zu prüfen ist, ob sie tatsächlich auch Geltung im Völkerrecht haben, was insbesondere bei der Naturalrestitution nicht selbstverständlich ist.

Als erstes soll die Naturalrestitution erörtert werden, der als weitestgehendem Wiedergutmachungsmittel die größte Bedeutung zukommt. Die Wiedergutmachung soll die Lage wiederherstellen, die bestanden hätte, wenn das Delikt nicht begangen worden wäre, oder wenigstens die schädlichen Folgen beseitigen, indem verlorene Güter ersetzt werden durch gleichwertige Güter, also als Kompensation[69]. Die Naturalrestitution bezweckt die Wiederherstellung der Lage, die ohne die Vertragsverletzung bestanden hätte. Sie wird allgemein definiert als die Pflicht zur Wiederherstellung des Zustandes, der vorliegen würde, wenn das rechtswidrige Tun oder Unterlassen nicht stattgefunden hätte[70]. So heißt es auch im Urteil des StIG im Chorzow-Fall: "The essential principle contained in the actual notion of an illegal act ... is that reparation must, as far as possible, wipe out all the consequences of the illegal act and reastablish the situation which would, in all probability have existed if that act had not been committed[71]." Durch die Naturalrestitution soll also versucht werden, die Situation wieder so zu gestalten, als ob die Vertragsverletzung nie stattgefunden hätte[72], wie die Verhältnisse also im Zeitpunkt der Vertragsverletzungshandlung bestanden haben[73]. Naturalrestitution bedeutet eine Pflicht zur Wiederherstellung des status quo, außerdem umfaßt sie die Pflicht zur Beseitigung schädlicher Folgen der Vertragsverletzung und eine Nachholpflicht bei Versäumung der Vornahme eines Aktes[74], sie sellt die umfassendste Rechtsfolge für eine Vertragsverletzung dar, weil durch sie sämtliche rechtswidrig geschaffenen Verhältnisse beseitigt und den Interessen des Verletzten am besten gedient ist.

Fraglich ist aber, ob die Naturalrestitution tatsächlich ein Rechtsinstitut des Völkerrechts darstellt. Die meisten Regeln des Völkerrechts sind in irgendeiner Weise in Anlehnung an innerstaatliches Recht

---

[69] *Ago*, le Délit International, S. 525.

[70] *Strupp*, Das völkerrechtliche Delikt, S. 209.

[71] Chorzow-Factory-Case, PCIJ, Series A, No. 17, S. 47; *Mc Nair*, Law of Treaties, S. 575.

[72] *Reuter*, La Responsabilité Internationale, S. 189: „La restitution en nature consiste à remettre effectivement les choses en état comme si l'acte illicite n'avait jamais été commis, en effaçant toutes les conséquences de celui-ci."

[73] *Amador*, State Responsibility, S. 475; *Lais*, Rechtsfolgen völkerrechtlicher Delikte, S. 27.

[74] *Wengler*, Lehrbuch des Völkerrechts, S. 510.

entstanden, was auch für das Deliktsrecht gilt. Im Bereich der Rechtsfolgen sieht das deutsche Recht primär Naturalrestitution vor (§ 249 BGB) und erst sekundär, das heißt wenn Naturalrestitution aufgrund der besonderen Gegebenheiten unmöglich oder wegen unverhältnismäßiger Aufwendungen unzumutbar ist, den Schadensersatz (§ 251 BGB)[75]. Dagegen kennt das anglo-amerikanische und englische Recht nicht das Institut der Naturalrestitution, sondern hier tritt als Rechtsfolge sofort die Verpflichtung zur Schadensersatzleistung ein. Der zum Ausgleich eines Schadens zu leistende Ersatz wird im Englischen als „damages" bezeichnet, wobei es sich hier immer um Geldersatz handelt. Der Anspruch auf Naturalrestitution ist dem Schadensersatzrecht Englands und der USA fremd[76]. Die Grundregel hierzu lautet: "The plaintiff is to be put, as far as money can do so, into the same position, as if the wrongful act of the defendant had not happened"[77], beziehungsweise, "as if the breach of contract would not have arrived." Die Betonung liegt hier auf „as far as money can do so", woraus sich entnehmen läßt, daß zwar der entstandene Schaden soweit wie möglich wieder beseitigt werden soll, dies aber nur auf dem Wege finanzieller Ausgleichung geschieht. Soweit in der englischen und amerikanischen Literatur der Schadensersatz sowohl als „restitutio in integrum" als auch als „compensation" bezeichnet wird, ist dieser Sprachgebrauch mißverständlich, denn gemeint ist damit allein die „compensation", also der Wertausgleich in Geld[78].

Zwischen der kontinentaleuropäischen und der englisch-anglo-amerikanischen Auffassung läßt sich in dieser Frage also im Bereich des nationalen Rechts eine Differenz feststellen. Fraglich ist nun, welche der beiden Rechtsordnungen sich im Völkerrecht im Bereich der Deliktsfolgen durchgesetzt hat. Zu erwarten wäre dies von der englisch-anglo-amerikanischen Auffassung, da das englische Recht einen starken Einfluß auf die völkerrechtliche Entwicklung hatte. Auf der anderen Seite ist aber auch das kontinentale Europa nicht unbeteiligt an der Entwicklung des Völkerrechts, was sich zwangsläufig aus der Zusammenballung von relativ vielen Staaten auf dem recht kleinen europäischen Kontinent ergibt.

Trotz der grundsätzlich entgegenstehenden nationalen Rechtsordnungen vertreten die Völkerrechtler Eagleton und O'Connell die Auffassung, im Völkerrecht habe auch die Naturalrestitution als Rechtsfolge ihren Platz. O'Connell betont, daß er unter „restitutio in integrum"

[75] Im französischen Recht Art. 1382 ff. code civil.

[76] *Weis*, Schadensersatz bei Aufwendungen des Geschädigten vor dem Schadensereignis, S. 16.

[77] *Mayne*, On Damages, § 5; *Mc Cormick*, On Damages, S. 560 ff.

[78] *Mayne*, On Damages, § 6; *Weis*, Schadensersatz bei Aufwendungen des Geschädigten vor dem Schadensereignis, S. 17.

nicht etwa nur eine Kompensation in Geld verstehe, sondern eine „restitution in kind“, die erst im Fall der Unmöglichkeit durch Schadensersatz ersetzt werden soll[79]. Dieselbe Meinung vertritt auch Eagleton, der schreibt: “When an internationally illegal act has been committed, it is incumbent upon the injuring state chargeable therewith to restore the situation exactly to its former state ... It is usually true that responsibility in international law results in a remedial process: the duty of the respondent state is merely to restore the situation exactly as it was before being shattered by the illegal action, or, if there is no longer a possibility of this being done, to repair the damage by making compensation ...[80].” Hieraus läßt sich entnehmen, daß die englische und amerikanische Völkerrechtslehre in der Frage der Naturalrestitution von dem nationalen Recht abweicht und sie als Rechtsfolge eines völkerrechtlichen Delikts anerkennt.

In der kontinentaleuropäischen Literatur wird einhellig die Meinung vertreten, daß grundsätzlich die erste und Hauptrechtsfolge des Delikts und damit auch der Vertragsverletzung die Naturalrestitution sei[81]. Sie stellt nach Lais die vollkommenste Art der Wiedergutmachung dar[82], und dem kann nur zugestimmt werden, denn durch die Naturalrestitution werden die Interessen des Verletzten am besten gewahrt, indem er wieder in den Zustand gesetzt wird, der ohne den schädigenden Akt bestanden hätte, und mehr kann der Betroffene nicht erwarten geschweige denn verlangen.

Der eindeutigen Literaturmeinung entspricht auch die Praxis internationaler Gerichte. So hat der Ständige Internationale Gerichtshof in seinem Urteil im Chorzow-Fall erklärt: „Le principe essentiel, qui découle de la notion même d'acte illicite et qui semble se dégager de la pratique, notamment de la jurisprudence des tribunaux arbitraux, est que la réparation doit, autant que possible, éffacer toutes les conséquences de l'acte illicite et rétablir l'état qui aurait vraisemblablement existé si ledit acte n'avait pas été commis. Restitution en nature, ou, si elle n'est pas possible, paiement d'une somme correspondent à la valeur qu'aurait la restitution en nature[83].“ Aus dem Zitat geht eindeutig hervor, daß der Gerichtshof die Naturalrestitution entgegen dem nationalen englischen und amerikanischen Recht nicht als „restitutio in integrum“ in Form der völlig ausgleichenden Geld-

---

79 *O'Connell*, International Law, Vol. II, S. 1114.

80 *Eagleton*, Responsibility of States, S. 182.

81 *Berber*, Lehrbuch des Völkerrechts, Bd. III, S. 23; *Wengler*, Lehrbuch des Völkerrechts, Bd. I, S. 510/511; *Salvioli*, La Responsabilité des Etats, S. 238; *Strupp*, Das völkerrechtliche Delikt, S. 209; *Levin*, Verantwortlichkeit der Staaten, S. 156.

82 *Lais*, Rechtsfolgen völkerrechtlicher Delikte, S. 27.

83 Publication de la Cour, PJI, Série A, No. 17, S. 47.

zahlung auffaßt, sondern die effektive Beseitigung der Vertragsverletzungsfolgen durch Wiederherstellung des alten Zustandes verlangt.

Ebenso war auf Naturalrestitution vom zentralamerikanischen Gerichtshof im Streit zwischen Nikaragua und Salvador im Jahre 1917 entschieden worden. In dem Fall hatte Nikaragua durch den Abschluß eines Vertrages mit den USA frühere Verträge mit Salvador und Costa-Rica verletzt. In dem Urteil wurde Nikaragua aufgefordert, dafür Sorge zu tragen, daß der Vertrag mit den USA den älteren Verträgen angepaßt oder aufgehoben würde[84]. Abschließend läßt sich also feststellen, daß Literatur und Rechtsprechung sich darin einig sind, daß die Naturalrestitution eine der Rechtsfolgen bei einem Delikt und damit auch bei einer Vertragsverletzung darstellt.

Ihrem Umfang nach geht die Naturalrestitution auf Beseitigung aller Schäden, die irgendwie als Folge der Vertragsverletzung aufgetreten sind, denn nur so kann tatsächlich die Situation wiederhergestellt werden, die bestanden hätte, wenn die Vertragsverletzung nicht erfolgt wäre, denn es soll der status quo wieder erreicht werden[85]. Einen Beleg dafür bedeutet insbesondere das bereits oben erwähnte Chorzow-Urteil[86]. Dem Umfang nach muß die Naturalrestitution also allumfassend sein.

Die Möglichkeiten der Naturalrestitution sind zahlreich, insbesondere kann sie wirksam als Rechtsfolge eingesetzt werden, wenn es gilt, Verwaltungsmaßnahmen, Gerichtsurteile oder Parlamentsbeschlüsse, die eine Vertragsverletzung bedeuten, aufzuheben und zu beseitigen.

In der Literatur besteht Einigkeit darüber, daß die Pflicht zur Naturalrestitution darin bestehen kann, Gesetze, die einem Vertrag zuwiderlaufen und daher eine Vertragsverletzung bedeuten, aufzuheben oder dem Vertrag anzugleichen[87]. Hier zeigt sich wieder deutlich der Vorrang, den das Völkerrecht gegenüber dem nationalen Recht genießt[88]. Wird das nationale Recht nicht dem Vertrag angepaßt, so liegt darin ein völkerrechtliches Delikt[89]. Als Beispielsfall sei hier der Fall des Art. 61 II WRV erwähnt, von dem die Alliierten behaupteten, er verletze den Friedensvertrag von Versailles vom 28. 6. 1919 (s. o.). Die deutsche Regierung wurde daher veranlaßt, die folgende

---

84 *Lais*, Rechtsfolgen völkerrechtlicher Delikte, S. 32/33.

85 *Wengler*, Lehrbuch des Völkerrechts, S. 491; *Lais*, Rechtsfolgen völkerrechtlicher Delikte, S. 27; *Eagleton*, Responsibility of States, S. 182.

86 CPIJ, Série A 13, S. 47.

87 *O'Connel*, International Law, Vol. II, S. 1116; *Lais*, Rechtsfolgen völkerrechtlicher Delikte, S. 30; *de Visscher*, la Reponsabilité des Etats, S. 118.

88 *Mc Nair*, Law of Treaties, S. 555.

89 *Lais*, Rechtsfolgen völkerrechtlicher Delikte, S. 33.

Erklärung abzugeben: „Der Unterzeichnete, gehörig bevollmächtigt und im Namen der deutschen Regierung handelnd, erkennt an und erklärt, daß alle Vorschriften der deutschen Verfassung vom 11. 8. 1919, die mit den Bestimmungen des am 28. 6. 1919 unterzeichneten Friedensvertrages in Widerspruch stehen, ungültig sind. Die deutsche Regierung erklärt und erkennt an, daß demzufolge der Absatz II des Art. 61 der erwähnten Verfassung ungültig ist ...[90]." Die Aufhebung der vertragsverletzenden Verfassungsnorm bedeutet die Durchführung einer Naturalrestitution.

Ein weiteres Beispiel bildet der ebenfalls bereits oben erwähnte Fall der Verletzung des französisch-schweizerischen Zollabkommens seitens Frankreichs durch Änderung des Zollgesetzes und einer damit verbundenen Zollerhöhung um 50 %[91]. Als Rechtsfolge wurde das Zollgesetz aufgehoben, worin eine Naturalrestitution zu sehen ist. Auf weitere Rechtsfolgen, insbesondere Rückerstattung der zuviel gezahlten Zölle und Schadensersatz, wurde wegen der guten Beziehungen zwischen der Schweiz und Frankreich verzichtet, sie wären aber ohne weiteres möglich gewesen.

Der Gedanke, daß die internationale vertragliche Verpflichtung auch Vorrang gegenüber dem innerstaatlichen Recht genießt und somit Raum für Naturalrestitution in Form des Zwangs zur Aufhebung des vertragswidrigen Gesetzes geben kann, ergibt sich auch aus Art. 27 der Wiener Vertragskonvention, wo es heißt: "A party may not invoke the provisions of its internal law as justification for its failure to perform a treaty."

Weiter kann Naturalrestitution darin bestehen, daß Urteile, die einer Vertragsbestimmung widersprechen, aufgehoben werden[92]. Wie bereits oben ausgeführt, ist den Staaten eine Berufung auf die Unabhängigkeit der Gerichte unmöglich, da auch insoweit das Völkerrecht dem nationalen Recht vorgeht. Selbst rechtskräftig gewordene Urteile muß der Staat im Rahmen der Naturalrestitution wieder aufheben, eventuell durch ein Gesetz, wenn er sich nicht eines neuerlichen völkerrechtlichen Delikts schuldig machen will[93]. Der weitaus größte Teil der Vertragsverletzungen wird aber von der Exekutive begangen. Auch hier ist als Rechtsfolge das Eingreifen der Naturalrestitution denkbar, zum Beispiel in Form der Aufhebung von Regierungsakten[94] oder der Räumung

[90] *Strupp*, Das völkerrechtliche Delikt, S. 210.

[91] *Whiteman*, Damages in International Law, S. 1833.

[92] *O'Connel*, International Law, Vol. II, S. 1116; *Lais*, Rechtsfolgen völkerrechtlicher Delikte, S. 33; *de Visscher*, La Responsabilité des Etats, S. 118.

[93] *Strupp*, Das völkerrechtliche Delikt, S. 210.

[94] *O'Connell*, International Law, Vol. II, S. 1116; *Lais*, Rechtsfolgen völkerrechtlicher Delikte, S. 34.

von vertragswidrig besetztem fremdem Gebiet[95]. Ein Beispiel hierfür ist der Junghans-Fall, in dem Rumänien nach Verletzung des Abkommens mit Deutschland über pauschale Kriegsfolgenausgleichung nach dem ersten Weltkrieg durch Abgabe falscher Angaben zur Korrigierung der Angaben und zur Rückgabe von Grundstücken verurteilt worden war[96]. In dem Schiedsurteil ist insoweit auf Naturalrestitution entschieden worden, als Rumänien verpflichtet worden ist, seine falschen Angaben zu korrigieren und die unrechtmäßig erlangten Grundstücke zurückzugeben.

Auch in dem Abschluß eines neuen Vertrages, der die vertraglichen Vereinbarungen mit einem dritten Staat verletzt, kann eine Vertragsverletzung durch die Exekutive liegen, denn diese führt die Verhandlungen und schließt den Vertrag ab. So ist Nikaragua am 9. 3. 1917 vom zentralamerikanischen Gerichtshof verurteilt worden, wie bereits oben erwähnt, den Bryan-Chamorro-Vertrag mit den USA aufzuheben, um so die Verletzung der Verträge mit Salvador und Costa-Rica zu beseitigen[97]. In diesem Fall liegen Vertragsverletzungen also sowohl im Verhalten der Regierung als auch der Gesetzgebung, die dem Vertragswerk zugestimmt hatte. Die Aufhebung des Vertrages mit den USA bedeutet eine Naturalrestitution.

Als weiteres Beispiel sei die Verletzung eines Vertrages über die Festlegung des Grenzverlaufs zwischen zwei Staaten durch heimliche Verletzung der Grenzpfähle genannt. In diesem Fall erscheint eine Naturalrestitution in Form der Rücknahme der Grenzpfähle als angemessene Rechtsfolge.

Eine Vertragsverletzung durch den Gesetzgeber hätte auch der Erlaß eines Gesetzes in den USA bedeutet, nach dem USA-Schiffe die Kanalgebühren für den Panama-Kanal zurückerstattet erhalten sollten (s. o.)[98]. Hier wäre als zweckmäßige Rechtsfolge nur die Naturalrestitution in Betracht gekommen, die aus einer Zurücknahme des Gesetzes hätte bestehen müssen.

Eine Ersatzvornahme an Stelle der durch den Verletzerstaat selbst vorgenommenen Naturalrestitution ist nur möglich, wenn die vorzunehmende Handlung vertretbar ist[99]. Denkbar wäre also eine Ersatzvornahme in dem oben aufgeführten Beispiel der Verletzung des Grenzziehungsvertrages. Sie wäre der Art, daß der durch die Vertragsverletzung betroffene Staat selbst die Grenzpfähle versetzen oder

---

95 *Strupp*, Das völkerrechtliche Delikt, S. 210.

96 *Seidl-Hohenveldern*, Junghans-Fall, Strupp-Schlochauer, Wörterbuch, Bd. II, S. 178.

97 *Strupp*, Das völkerrechtliche Delikt, S. 209.

98 *Mc Nair*, Law of Treaties, S. 547/548.

99 *Wengler*, Völkerrecht, Bd. I, S. 522/523.

ein neutraler Dritter diese Handlung vornehmen würde. Dagegen ist eine Ersatzvornahme nicht denkbar bei Vertragsverletzungen durch den Gesetzgeber und bei anderen nicht-vertretbaren Handlungen[100]. Die Aufhebung des Gesetzes kann durch dasselbe Legislativorgan durchgeführt werden, das es erlassen hat, da es dritten Staaten oder internationalen Organisationen nicht möglich ist, in das Gesetzgebungsverfahren eines Staates einzugreifen.

Wir haben oben festgestellt, daß in erster Linie Naturalrestitution geleistet werden soll, da dies der effektivste Weg der Schadensausgleichung ist. Fraglich ist, ob der Schädiger anstelle der Naturalrestitution auch gleichwertigen Ersatz in Geld leisten darf? Selbstverständlich ist es möglich, daß Schädiger und Geschädigter vereinbaren, daß anstelle der Naturalrestitution Schadensersatz geleistet werden soll[101], es kann aber nicht dem Belieben des Schädigers vorbehalten bleiben, ob er Naturalrestitution oder Schadensersatz leisten will. Wenn einmal auf Naturalrestitution entschieden worden ist, kann sie erst dann durch Schadensersatz ersetzt werden, wenn die Naturalrestitution unmöglich geworden ist[102], weil sonst die effektivste Möglichkeit der Wiedergutmachung ausgehöhlt würde. Neben der Unmöglichkeit kann Schadensersatz nur dann an die Stelle der Naturalrestitution treten, wenn diese nur mit unverhältnismäßigem Aufwand durchführbar wäre oder wenn der Verletzte zustimmt[103].

Obwohl die Naturalrestitution der beste Weg zu einer angemessenen Wiedergutmachung ist, ist sie doch praktisch selten[104], weil entgegenstehende nationale Interessen ihre Durchführbarkeit verhindern, und in vielen Fällen ist sie auch aus anderen Gründen undurchsetzbar. Eine Abwägung zwischen Naturalrestitution und Schadensersatz soll in einem besonderen Paragraphen nach Erörterung des Schadensersatzes vorgenommen werden.

§ 18 Schadensersatz

An die Stelle der Naturalrestitution tritt für den Fall, daß sie nicht möglich ist, der Schadensersatz. Er stellt praktisch die häufigste Form der Wiedergutmachung dar und ist insbesondere auch denkbar neben unvollständiger Naturalrestitution[105]. In seltenen Fällen ist der Scha-

---

[100] *Wengler*, Lehrbuch des Völkerrechts, S. 522/523.

[101] *Salvioli*, La Responsabilité des Etats, S. 238.

[102] *Verdross*, Lehrbuch des Völkerrechts, S. 398.

[103] *Lais*, Rechtsfolgen völkerrechtlicher Delikte, S. 35.

[104] *Berber*, Lehrbuch des Völkerrechts, Bd. III, S. 23.

densersatz sogar in Verträgen als Rechtsfolge für deren Verletzung vorgesehen, so im Art. 18 des Columbia-Strom-Abkommens zwischen den USA und Kanada[106], im Art. 3 des vierten Haager Abkommens über die Gesetze und Gebräuche des Landkrieges vom 18. 10. 1907, wonach die Kriegspartei, die die Normen dieses Reglements verletzt, Schadensersatz leisten muß[107]. Ebenso enthält Art. 64 der Londoner Seerechtsdeklaration eine allgemeine Bestimmung zum Schadensersatz bei ungerechtfertigter Aufbringung eines Schiffes, die als Vertragsverletzung anzusehen ist[108]. Im allgemeinen findet sich eine solche Regelung aber nicht in Verträgen, da eine Einigung darüber schwer zu erzielen ist.

Schadensersatz kann definiert werden als eine Geldleistung, die einem Rechtsverletzer auferlegt wird, um den durch ihn verursachten Schaden zumindest im entsprechenden Geldwert auszugleichen. Der Geschädigte soll wenigstens finanziell in die Lage versetzt werden, die ohne die schädigende Handlung bestanden hätte[109]. Da der Schadensersatz nur in Geld gewährt wird, liegt die Schwierigkeit darin, den Schaden in einen entsprechenden und angemessenen Geldbetrag umzurechnen[110], um eine Identität zwischen Schaden und Ausgleichsbetrag zu erhalten[111]. Daß der Schadensersatz grundsätzlich in der Leistung eines Geldbetrages und nicht in der Leistung einer beliebigen anderen Sache erfolgt, ist allgemein anerkannt[112].

Kelsen bestreitet das Vorliegen eines Völkerrechtssatzes, der besagt, daß bei einem völkerrechtlichen Delikt Schadensersatz geleistet werden muß; er sagt, es fehle diesbezüglich an einer Norm über Inhalt und Umfang des zu leistenden Schadensersatzes[113]. Vielmehr richte sich die Frage, ob Schadensersatz geleistet werden müsse, ganz allein nach entsprechenden Verträgen und Entscheidungen der Schiedsgerichte, die auch wiederum auf Schiedskompromissen beruhen. Wenn kein solcher Vertrag vorliege, bestehe lediglich ein Anspruch auf Vertragserfüllung beziehungsweise als Rechtsfolgen Repressalie und Krieg[114]. Kelsen

105 *Schüle*, Wiedergutmachung, Strupp-Schlochauer, Wörterbuch, Bd. III, S. 844; *Lais*, S. 35.

106 Art. 18 Columbia-Strom-Abkommen: "The United States of America and Canada shall be liable to the other and shall make appropriate compensation to the other in respect of any act, failure to act, commission or delay amounting to a breach of the Treaty or of any of its provisions ..."; *Berber*, Völkerrecht, Bd. I, Friedensrecht, S. 1550.

107 *Lais*, Rechtsfolgen völkerrechtlicher Delikte, S. 107.

108 *Lais*, Rechtsfolgen völkerrechtlicher Delikte, S. 110.

109 *O'Connell*, International Law, Vol. II, S. 1115.

110 *Salvioli*, La Responsabilité des Etats, S. 237.

111 *Eagleton*, Responsibility of States, S. 182.

112 *Eagleton*, Responsibility of States, S. 189.

113 *Kelsen*, Unrecht und Unrechtsfolge im Völkerrecht, S. 556.

114 *Kelsen*, Unrecht und Unrechtsfolge im Völkerrecht, S. 557.

bestreitet das von Anzilotti behauptete Gewohnheitsrecht zum Schadensersatz[115], da es sich seiner Meinung nach nicht eindeutig nachweisen lasse. Er gesteht allerdings zu, daß in dem Falle, daß der Schiedsvertrag keine besondere Bestimmung für die Wiedergutmachung enthält, das Schiedsgericht ermächtigt sei, auch auf Schadensersatz zu erkennen[116]. Diese Meinung ist auf allgemeine Ablehnung in Literatur und Rechtsprechung gestoßen, so sagt McNair ausdrücklich, es sei nicht notwendig, daß der Vertrag, von dem behauptet werde, er sei gebrochen worden, oder der Kompromiß, der den Streit einer Gerichtsentscheidung unterwirft, ausdrücklich sich auf Wiedergutmachung und damit auch auf Schadensersatz beziehen müsse, um einen Anspruch auf Schadensersatz begründen zu können[117]. Ebenso führt der StIG in seinem Urteil im Chorzow-Fall aus: "It is a principle of international law that the breach of an engagement involves an obligation to make reparation in an adequate form. Reparation therefore is the indispensable complement of a failure to apply a convention and there is no necessity for this to be stated in the convention itself[118]." Die Meinung Kelsens ist auch insofern bedenklich, als sie in Konfliktsfällen sofort die Tür öffnet für Zwangs- und Gewaltmaßnahmen, die unweigerlich zu einer Eskalation führen müssen, Der Gegenbeweis gegen Kelsen kann aber nur eindeutig geführt werden durch den Nachweis, daß doch ein Völkergewohnheitsrecht besteht, das als reguläre Rechtsfolge des Delikts und damit auch der Vertragsverletzung die Wiedergutmachung in Form des Schadensersatzes vorsieht. Indizien hierfür sind vor allem Literatur und Rechtsprechung, da die Wiener Vertragskonvention hierüber nichts aussagt und keine Kodifikation des völkerrechtlichen Deliktsrechts besteht.

Die allgemeine Meinung in der Literatur erkennt die Verpflichtung zum Schadensersatz als Gewohnheitsrecht an. So schreibt Wengler, daß bei Unmöglichkeit der Naturalrestitution eine Verpflichtung zur Leistung von Schadensersatz bestehe, dies gelte insbesondere für Vermögensschäden[119]. Ebenso geht Lais von einer Schadensersatzverpflichtung des deliktischen Staates aus als der in der Praxis häufigsten Rechtsfolge, wobei er sich ausdrücklich auf ein diesbezüglich bestehendes Gewohnheitsrecht beruft[120]. Auch Mrs. Whiteman geht in ihrer Einführung zu den „Damages in International Law“ von einer Schadensersatzpflicht der Staaten aus[121]. Eagleton betont ebenfalls die-

[115] *Anzilotti*, Lehrbuch des Völkerrechts, S. 412.
[116] *Kelsen*, Unrecht und Unrechtsfolge im Völkerrecht, S. 558.
[117] *Mc Nair*, Law of Treaties, S. 574.
[118] PCIJ, Ser. A, No. 17, S. 29.
[119] *Wengler*, Lehrbuch des Völkerrechts, Bd. I, S. 511.
[120] *Lais*, Rechtsfolgen völkerrechtlicher Delikte, S. 37.
[121] *Whiteman*, Damages in International Law, Bd. I, S. 6/7.

sen Grundsatz, wenn er sagt: "When an internationally illegal act has been committed, it is incumbent upon the injuring state chargeable therewith ... to substitute in some manner, and to such an extent, as will be considered to have repaired the injury[122]." Diese „substitution" bedeutet Schadensersatz, der im allgemeinen in einer finanziellen Zuwendung besteht. Dieselbe Meinung vertreten auch Garcia Amador[123] und Tunkin, der allerdings insofern Kelsen näherkommt, als er die Verantwortlichkeit insbesondere eines Aggressorstaates nicht auf Schadensersatz beschränkt sehen will, sondern daneben noch Sanktionen als möglich erachtet, die bis zur Abtretung von Territorium zwecks Verhütung weiterer Aggressionen führen können[124]. Über diese mögliche Art der weiteren Rechtsfolge soll noch unten bei der Behandlung von Retorsion und Repressalie gesprochen werden. Abschließend soll noch als Vertreter der französischen Völkerrechtsdoktrin Reuter erwähnt werden, der ausführt: „Dommages-intérêts, c'est en fait la forme normale de réparation; elle est fondée essentiellement sur le principe d'équivalence[125]."

Die oben aufgeführten Literaturnachweise zeigen, daß in den wesentlichsten Rechtskreisen der Erde Einigkeit im Bereich der Lehre darüber besteht, daß die Schadensersatzpflicht einen Grundsatz des völkerrechtlichen Deliktrechts darstellt.

In der Rechtsprechung gibt es zahlreiche Fälle, in denen, sei es bei einem normalen Delikt, sei es speziell bei einer Vertragsverletzung, als Rechtsfolge der Rechtsverletzung auf Schadensersatz erkannt worden ist. So führt der Ständige Schiedshof in seinem Urteil vom 11. 11. 1912 im Streit um die türkische Kriegsentschädigung an Rußland aus, „the various responsibilities of States are not distinguished from each other by essential differences; all resolve themselves or finally may be resolved into the payment of a sum of money"[126].

Ein bekannter völkerrechtlicher Deliktsfall ist der Costa-Rica-Packet-Fall, der durch den Schiedsrichter F. von Martens am 13. 2. 1897 entschieden wurde[127]. In diesem Fall war der Kapitän Carpenter des britischen Walfangschiffes Costa-Rica-Packet von niederländischen Behörden im Hafen von Termate festgenommen und inhaftiert wor-

---

122 *Eagleton*, Responsibility of States, S. 182.

123 *Amador*, State Responsibility, S. 475.

124 *Tunkin*, Das Völkerrecht der Gegenwart, S. 231; *Levin*, Verantwortlichkeit der Staaten, S. 14.

125 *Reuter*, La Responsabilité Internationale, S. 191.

126 Yearbook of the International Law Commission, 1956, Bd. I, S. 240; *Berber*, Lehrbuch des Völkerrechts, Bd. III, S. 24.

127 *Thomas*, Costa-Rica-Packet-Fall, Strupp-Schlochauer, Wörterbuch, Bd. I, S. 301.

den, weil er angeblich ein herrenloses Schiff innerhalb der niederländischen Hoheitsgewässer aufgebracht und die Ladung übernommen hatte. Auf Intervention Großbritanniens kam es zum Schiedsgerichtsverfahren, in dem sich herausstellte, daß Carpenter das Schiff außerhalb der Hoheitsgewässer aufgebracht und daher keinen Warendiebstahl begangen hatte. Die Niederlande wurden vom Schiedsgericht zur Leistung von Schadensersatz verurteilt. Dieses Urteil ist allgemein anerkannt worden, lediglich in der holländischen Völkerrechtsliteratur ist es auf Ablehnung gestoßen mit der Begründung, das gegen Carpenter durchgeführte Verfahren sei formell ordnungsgemäß verlaufen und die Verurteilung sei nur aufgrund eines Irrtums des Gerichts erfolgt[128], außerdem hätten die Niederländer Carpenter nach Kenntniserlangung von der Schwäche der Beweise sofort freigelassen[129]. Diese Argumentation ist aber nicht ausreichend, um eine Inhaftierung von 26 Tagen rechtsfolgenlos hinnehmen zu müssen, denn wie bereits oben ausgeführt worden ist, haftet der Staat international für den verursachten Erfolg, solange es ihm nicht gelingt, sein Verschulden auszuschließen. Dazu genügt aber nicht die Aussage, daß nach Kenntnis von der Schwäche der Beweise Carpenter sofort freigelassen worden sei, da der Verdacht besteht, daß die Beweisaufnahme sehr nachlässig durchgeführt worden ist, wofür der niederländische Staat wiederum haftet; dies gilt auch für Entscheidungen nationaler Gerichte (s. o.).

Als weitere Fälle, in denen einem Staat nach Begehung eines völkerrechtlichen Deliktes eine Schadensersatzverpflichtung auferlegt worden ist, sei noch der Korfu-Kanal-Fall erwähnt[130], in dem Albanien zur Leistung von Schadensersatz an Großbritannien verurteilt worden ist, wegen der Gefährdung der „innocent passage“ und der Nichtverhinderung der Beschädigung britischer Schiffe durch im Korfu-Kanal gelegte Minen.

Ebenso ist im Lusitania-Fall, in dem es um die Versenkung des US-Schiffes Lusitania durch die deutsche Kriegsmarine im ersten Weltkrieg ging, Deutschland von der deutsch-amerikanischen gemischten Kommission zur Schadensersatzleistung an die USA verurteilt worden[131]. Auch im Alabama-Fall, in dem es um die Verletzung von Neutralitätsvorschriften durch Großbritannien gegenüber den amerikanischen Nordstaaten durch Lieferung von Kriegsschiffen an die Südstaaten ging, lautete die Entscheidung der Schiedskommission auf Leistung eines globalen Schadensersatzes an die USA[132]. Ebenso wurde auch im

---

[128] *de Visscher*, La Responsabilité des Etats, S. 102.

[129] *Hoijer*, La Responsabilité Internationale, S. 58.

[130] *Bernhardt*, Korfu-Kanal-Fall, Strupp-Schlochauer, Wörterbuch, Bd. II, S. 313.

[131] *Götz*, Lusitania-Fall, Strupp-Schlochauer, Wörterbuch, Bd. II, S. 445.

Schaffhausen-Fall nach Bombardierung Schaffhausens durch amerikanische Flugzeuge 1944 Schadensersatz geleistet[133], obwohl ein Verschulden der Piloten nicht nachweisbar war.

Nachfolgend sollen nun auch noch einige Fälle von Vertragsverletzungen beispielhaft aufgeführt werden, in denen ebenfalls als Rechtsfolge auf Schadensersatz entschieden worden ist. Hingewiesen sei noch einmal auf den Chorzow-Fall, in dem es sich um eine Vertragsverletzung durch Polen gegenüber dem deutschen Reich handelt[134].

Im Anglo-Iranian-Oil-Fall[135], in dem sich der IGH für unzuständig erklärt hatte, weil die Fakultativklausel des IGH-Statuts vom Iran nur für zukünftige Verträge angenommen war, wäre ein britischer Schadensersatzanspruch gegen Persien gegeben gewesen, weil Persien einen Ölvertrag gegenüber einer britischen Ölgesellschaft, die durch Großbritannien vertreten wurde, gebrochen hatte.

Im Wimbledon-Fall[136] wurde der deutschen Reichsregierung eine Verletzung des Versailler Vertrages durch das Verbot an den Frachter Wimbledon, den Nord-Ostsee-Kanal zu passieren, vorgeworfen. Der deutsche Einwand, das Schiff habe Waffen für Polen zur Unterstützung des polnischen Krieges gegen die UdSSR an Bord gehabt, was eine Berufung auf die deutsche Neutralität rechtfertige, wurde als nicht durchschlagend angesehen, und das deutsche Reich wurde vom StIG zur Leistung von Schadensersatz verurteilt[137].

Ein sehr altes Beispiel ist der britisch-sizilianische Schwefelfall, in dem Sizilien vorgeworfen wurde, eine den Briten vertraglich gewährte Meistbegünstigungsklausel durch Gewährung eines Erwerbs- und Ausfuhrmonopols für Schwefel an eine französische Firma gebrochen zu haben[138]. Das Schiedsgericht entschied am 29. 12. 1841, daß Sizilien Schadensersatz an Großbritannien zu leisten habe.

In zwei Fällen wurde Großbritannien zum Schadensersatz an die USA verurteilt[139] wegen Verletzung von Fischereiverträgen aus den

---

132 *Bauer*, Alabama-Fall, Strupp-Schlochauer, Wörterbuch, Bd. I, S. 20.

133 *Wengler*, Lehrbuch des Völkerrechts, Bd. I, S. 494.

134 *Seidl-Hohenveldern*, Chorzow-Fall, Strupp-Schlochauer, Wörterbuch, Bd. I, S. 284.

135 *Bernhardt*, Anglo-Iranian-Oil-Fall, Strupp-Schlochauer, Wörterbuch, Bd. I, S. 60.

136 *v. Münch*, Wimbledon-Fall, Strupp-Schlochauer, Wörterbuch, Bd. III, S. 850.

137 Urteil vom 17. 8. 1923, PCIJ, Series A, No. 1, S. 15.

138 *Whiteman*, Damages in International Law, 2. Bd., S. 892.

139 Fortune Bay Fishermen-Fall, *Whiteman*, Damages in International Law, Bd. 2, S. 1261 - 1263; Putnam-Fall, *Whiteman*, Damages in International Law, Bd. 2, S. 1282.

Jahren 1871 und 1888 durch Neufundland, von dessen Gebiet aus amerikanische Fischereiboote an der Durchführung des Fischfangs gehindert worden waren.

Im Fall Horace B. Parker wurde Großbritannien zum Schadensersatz an die Vereinigten Staaten verurteilt[140], weil es gegen die Bestimmungen eines Vertrages vom 20. 10. 1818 einem amerikanischen Schiff untersagt hatte, in einem englischen Hafen Reparaturen durchführen zu lassen, wodurch großer Schaden entstanden war.

Hingewiesen sei auch noch einmal auf den Fall des französisch-schweizerischen Zollabkommens aus dem Jahre 1906, das Frankreich durch Änderung seiner Zollgesetze verletzt hatte[141]. Die Folge war eine schwere Schädigung der Schweiz. Nach dem Urteil wäre neben der Naturalrestitution in Form der Aufhebung des vertragswidrigen Zollgesetzes eine Schadensersatzleistung Frankreichs an die Schweiz möglich gewesen, wegen der sonst guten Beziehungen zwischen beiden Ländern war aber darauf verzichtet worden.

Schadensersatz mußte auch im Wirgman-Agent-Fall[142] von den USA an Großbritannien geleistet werden, in dem die USA eine im Vertrag von 1853 enthaltene Meistbegünstigungsklausel durch Auferlegung höherer Zölle gegenüber britischen Staatsangehörigen verletzt hatten. Auch in dem oben bereits geschilderten Martini-Fall[143] wurde Venezuela zugunsten Italiens eine Schadensersatzpflicht auferlegt, wobei hier aber die Schadensersatzleistung nicht in Geld erfolgte, sondern durch Aufrechnung gegen Ansprüche, die Venezuela gegen Italien hatte, das heißt, Venezuela mußte auf seine Ansprüche gegen die Martini Company verzichten.

Die Tatsache, daß die internationalen Gerichte und Schiedsgerichte auch über Schadensersatz entscheiden, wenn im Schiedskompromiß nichts darüber gesagt wird, billigt die Literatur (s. o.). Da Gerichtsentscheidungen im Rahmen der geltenden Völkerrechtssätze erlassen werden und so auch das Völkergewohnheitsrecht wiederspiegeln, führt dies zu der Annahme, daß es den völkergewohnheitsrechtlichen Satz gibt, daß als Rechtsfolge auch eine Schadensersatzverpflichtung eintreten kann.

Der Zweck des Schadensersatzes ist darin zu sehen, daß der Schädiger den verursachten Schaden mit Geldmitteln, soweit dies auf diesem Wege möglich ist, beseitigen soll[144]. Eigentlich durch die Vertragsver-

---

140 *Whiteman*, Damages in International Law, Bd. 2, S. 1281.
141 *Whiteman*, Damages ..., Bd. 3, S. 1833/1834.
142 *Whiteman*, Damages ..., Bd. 3, S. 1939.
143 Recueil des sentences arbitrales des Nations Unies, Vol. II, S. 975 ff.

letzung betroffen kann neben dem Staat auch ein Einzelmensch sein, der entweder in seinen Rechten durch den Vertrag besonders geschützt werden sollte, oder der als Nebenfolge der Vertragsverletzung ebenfalls einen Schaden erlitten hat. Bei der Behandlung von Aktiv- und Passivlegitimation haben wir bereits festgestellt, daß der einzelne nicht selbst gegen den Rechtsverletzer vorgehen kann, da er durch seinen Heimatstaat mediatisiert wird und die vertraglichen Bindungen nur zwischen den Staaten als Vertragspartnern bestehen. Der Staat könnte aber völkerrechtlich verpflichtet sein, die Schadensersatzsumme an seinen Staatsangehörigen abzuführen. Grundsätzlich ergibt sich eine derartige Verpflichtung aus dem Völkerrecht nicht, da diese Rechtsordnung nur Bindungen der Staaten untereinander erzeugt, deren Verhältnis zu den Staatsangehörigen aber der inneren Ordnung der Staaten überläßt. Durch ein Urteil bekommt nur der Staat einen anerkannten Anspruch, und er ist nicht gezwungen, den Schadensersatz an das Individuum weiterzugeben, es sei denn, dies ist mit dem Schädigerstaat vertraglich vereinbart worden, da ein Nichtbefolgen einer solchen Vereinbarung wieder eine Vertragsverletzung bedeuten würde[145]. Aber auch aus einer derartigen Abmachung kann der einzelne keinen eigenen Anspruch herleiten, er hat vielmehr nur die Möglichkeit, sich an den durch diese Vertragsverletzung betroffenen Staat zu wenden, um diesen zu veranlassen, seine Rechte aus dem betreffenden Vertrag geltend zu machen und durchzusetzen. Diese völkerrechtliche Lage versetzt den einzelnen unter Umständen in eine sehr prekäre Situation, ihre Lösung ist aber nicht Aufgabe des Völkerrechts, sondern des innerstaatlichen Rechts.

Abschießend läßt sich sagen, daß bis auf Kelsen die völlig herrschende Meinung der Literatur und Rechtsprechung den Schadensersatz als Rechtsfolge für ein Delikt und auch für eine Vertragsverletzung als völkerrechtliches Gewohnheitsrecht anerkennt. Schadensersatz und Naturalrestitution stehen als wichtigste Arten der Wiedergutmachung nebeneinander, wobei grundsätzlich die Naturalrestitution durch den Schadensersatz nur dann verdrängt werden soll, wenn jene unmöglich erscheint. Im folgenden Abschnitt soll nun geprüft werden, wo hier die Grenzen zu ziehen sind, und ob auch Fälle denkbar sind, in denen allein die Naturalrestitution beziehungsweise der Schadensersatz als zweckmäßig erscheinen.

---

[144] *Mc Nair*, Law of Treaties, S. 575; Chorzow-Fall, PCIJ, Series A, No. 17, S. 47.

[145] *Amador*, State Responsibility, S. 486.

§ 19 Vorrang zwischen Naturalrestitution und Schadensersatz

Die Literatur geht, wie bereits gesagt, von einem grundsätzlichen Vorrang der Naturalrestitution aus[146], und der Schadensersatz soll erst eingreifen, wenn die Schadensbeseitigung durch die Naturalrestitution nicht vollständig erfolgen kann oder überhaupt unmöglich ist[147], beziehungsweise wenn die verletzte Partei Schadensersatz anstelle der Naturalrestitution wählt[148]. Dem Fall der Unmöglichkeit ist der Fall gleichzustellen, daß die Naturalrestitution nur mit unverhältnismäßigem Aufwand durchführbar wäre[149].

Bei den verschiedenen Vertragsarten ist zwischen zwei Hauptgruppen zu unterscheiden, den wirtschaftlichen und den politischen Verträgen. Natürlich haben auch Verträge, die sich auf Fragen der Wirtschaftsbeziehungen erstrecken, oftmals politischen Charakter, ihre Zielsetzung geht aber über die Regelung rein politischer Verhältnisse hinaus. Hauptbeispiel für einen Wirtschaftsvertrag ist der Handelsvertrag, in dem der Austausch von Waren und/oder Dienstleistungen vereinbart wird. Bei der Verletzung eines solchen Vertrages, zum Beispiel in Form der Nichtlieferung einer bestimmten Rohstoffmenge, ist anstelle der Naturalrestitution ohne weiteres eine Schadensersatzleistung denkbar. Die Naturalrestitution dürfte in diesem Fall überhaupt schwierig sein, denn wie soll der Schädigerstaat die Situation wiederherstellen, die bei Nichtverletzung des Vertrages bestanden hätte, eine zum Beispiel dadurch entstandene Arbeitslosigkeit rückwirkend beseitigen. In einem solchen Fall wird die zu leistende Wiedergutmachung im allgemeinen den Charakter des Schadensersatzes tragen.

Besteht die Vertragsverletzung in dem Erlaß eines vertragswidrigen oder der vertragswidrigen Aufhebung eines Gesetzes oder in einem Urteil, das den Vertragsbestimmungen widerspricht, so ist die Naturalrestitution das wirksamste Mittel, denn nur dadurch kann die Vertragsverletzung beseitigt werden, während beim Schadensersatz zwar die unmittelbaren wirtschaftlichen Folgen der Vertragsverletzung beseitigt werden können, die Vertragsverletzung an sich aber bestehen bleibt und Raum für immer neue Schädigungen gibt. Bei der Verletzung eines Niederlassungsabkommens durch Verbot an den Ausländer, sich vertragsgemäß im Inland niederzulassen, scheint der Schadensersatz die einzig mögliche und vertretbare Rechtsfolge zu sein, natürlich verbunden mit einer Genehmigung für die Zukunft, denn es ist praktisch

---

146 *Lais*, Rechtsfolgen völkerrechtlicher Delikte, S. 27.

147 *Verdross*, Völkerrecht, S. 401.

148 *O'Connell*, International Law, S. 1114.

149 *Lais*, Rechtsfolgen völkerrechtlicher Delikte, S. 35.

unmöglich, den Ausländer in den Stand zu versetzen, der bestanden hätte, wenn die Vertragsverletzung unterblieben wäre.

Auch die Verletzung eines Immissionsschutzabkommens kann nur zu Schadensersatz führen, denn die vertragswidrig abgeleiteten Gase oder Geräusche lassen sich nicht mehr beseitigen oder aufheben. Insbesondere hierdurch hervorgerufene Gesundheitsschäden können nicht durch Naturalrestitution beseitigt werden, hier hilft nur ein angemessener Schadensersatz.

Hingegen wäre Schadensersatz bei Verletzung eines Abkommens über den Grenzverlauf zwischen zwei Staaten eine völlig unzweckmäßige und sinnlose Art der Wiedergutmachung. Wenn ein Vertragspartner die Grenzpfähle zu seinen Gunsten versetzt hat, so hilft nur die Naturalrestitution, nämlich die Pflicht zur Zurücknahme der Grenzpfähle, zu einer angemessenen Lösung, denn die Möglichkeit der Schadensersatzleistung würde bedeuten, daß der geschädigte Staat gleichsam sein Staatsgebiet zwangsweise verkauft hat.

Der Bruch eines Friedensvertrages wird im allgemeinen nur zu Schadensersatz führen, die Verletzung des Friedens selbst läßt sich nicht beseitigen, ersetzen lassen sich nur die Folgen, und dies im allgemeinen auch nur in Geld, insbesondere, soweit es als Folge der Verletzung des Friedensvertrages Tote und Verwundete gegeben hat. Dasselbe gilt auch für den Bruch von Waffenstillstandsabkommen.

Insgesamt ist aus den Beispielen ersichtlich, daß keine eindeutige Aussage zugunsten der Bevorzugung der einen oder anderen Institution der Wiedergutmachung gemacht werden kann. Vielmehr hängt es vom Charakter des jeweiligen verletzten Vertrages und von der Verletzung und ihren Folgen ab, in welcher Form die Wiedergutmachung zu erfolgen hat. Der Vorrang ist dabei grundsätzlich der Lösung zu geben, die dem Verletzten einen weitergehenden Ausgleich seiner erlittenen Schäden gewährt, wobei aber auch vom Schädiger nichts verlangt werden darf, was über ein maximal vertretbares Maß hinausgeht.

§ 20 Umfang des Schadensersatzes

Nachdem die Grundsätze von Naturalrestitution und Schadensersatz erörtert worden sind und auch festgestellt worden ist, daß der Schadensersatz in Geld zu erfolgen hat, soll nun die Darstellung des Rechtsinstituts Schadensersatz insoweit vertieft werden, als untersucht werden soll, in welchem Umfang vom Vertragsverletzer Schadensersatz zu leisten ist. Hierbei stellt sich insbesondere die Frage nach dem Ersatz nur von direkten Schäden oder auch von entgangenem Gewinn, und die Frage, inwieweit Zinsen und von welchem Zeitpunkt ab sie zu leisten sind.

1. Allgemeines

Die Frage nach dem Umfang des Schadensersatzes löst Kelsen dahingehend, daß er sagt, es gebe keine völkerrechtlich feststehende Regel zu diesem Problem[150], da der obligatorische Spruch des Richters fehle[151]. Das Verlangen nach einer angemessenen Wiedergutmachung habe keinerlei Aussagewert, da es zu unbestimmt sei. Da es im Völkerrecht am obligatorischen Spruch des Richters fehle, sei eine Regelung über den Umfang des Schadensersatzes nur einverständlich zwischen den Staaten möglich[152]. Man fragt sich aber, warum der Vertrag nicht gleich erfüllt worden ist, wenn die Staaten sogar untereinander eine Einigung über den zu leistenden Schadensersatz erzielen können. Weiter liegt die Frage auf der Hand, was geschieht, wenn der Vertrag über die Rechtsfolgen wiederum gebrochen wird. Kelsens Auffassung führt hier konsequent weiter zur Repressalie und zum Krieg als einziger echter Rechtsfolge im Völkerrecht[153]. Nach Kelsen könnte sich das Ausmaß des Schadensersatzes nur aus der Praxis der Schiedsgerichte ergeben, diese sei aber uneinheitlich und außerdem an die Verträge und Schiedskompromisse gebunden[154], so daß sie kein klares Bild ergeben könnten.

Weiter lehnt Kelsen die Auffassung ab, daß sich der Umfang der Wiedergutmachung nach dem Ermessen des verletzten Staates richte, eine solche Regelung sei vielmehr nur durch Vertrag möglich[155].

Die Meinung Kelsens wird allgemein abgelehnt, insbesondere was Repressalie und Krieg als einzige Rechtsfolgen des Delikts betrifft (s. o.). Zuzustimmen ist ihm aber wohl insoweit, als er sagt, daß sich der Umfang des Schadensersatzes nicht nach dem Ermessen des Geschädigten richten könne, da dies immer zu ungerechten Ergebnissen führen würde, weil das Opfer seinen Schaden subjektiv höher einschätzt als er tatsächlich ist[156]. Aber auch eine vertragliche Regelung erscheint unzweckmäßig, weil sich der Rechtsverletzer häufig nicht auf einen solchen Vertrag einlassen wird, sei es, weil er die Vertragsverletzung nicht eingestehen will, sei es, weil er nicht bereit ist, Schadensersatz zu

[150] *Kelsen*, Unrecht und Unrechtsfolgen im Völkerrecht, S. 556.
[151] *Kelsen*, Unrecht und Unrechtsfolgen im Völkerrecht, S. 550.
[152] *Kelsen*, Unrecht und Unrechtsfolgen im Völkerrecht, S. 556.
[153] *Kelsen*, Unrecht und Unrechtsfolgen im Völkerrecht, S. 557.
[154] *Kelsen*, Unrecht und Unrechtsfolgen im Völkerrecht, S. 558.
[155] *Kelsen*, Unrecht und Unrechtsfolgen im Völkerrecht, S. 549.
[156] *Eagleton*, Responsibility of States, S. 190.

leisten. Wenn man nicht doch zu dem Ergebnis kommen will, daß Krieg und Repressalie die einzigen regulären Rechtsfolgen der Vertragsverletzung sind, was einen Widerspruch zum völkergewohnheitsrechtlichen Gewaltverbot bedeuten würde, so muß man versuchen, Regeln des Völkergewohnheitsrechts festzustellen, aus denen sich allgemein verbindliche Grundsätze über den Umfang des Schadensersatzes ableiten lassen, und die auch dann Gültigkeit haben, wenn sich die Staaten nicht über eine Beilegung des Streitfalles einigen können.

Im Art. 3 des 4. Haager Abkommens über die Gesetze und Gebräuche des Landkrieges vom 18. 10. 1907[157] und im Art. 64 der Londoner Seerechtsdeklaration[158] sind zwar Regelungen über Schadensersatzverpflichtungen bei Verletzung des Abkommens enthalten, über den Umfang sagen sie aber nichts aus. Aus der Vorgeschichte der Londoner Seerechtsdeklaration zieht Lais den Schluß, daß in Art. 64 direkter und indirekter Schaden als zu ersetzen gemeint seien[159]. Eindeutig ergibt sich dies aber nur aus der vorgetragenen deutschen Auffassung, die jedoch nicht allein völkerrechtlich verbindlich ist. Die Deutschen und Österreicher haben nämlich in dieser Konferenz betont, daß nur unmittelbare Schäden ersetzt werden sollten, worunter nach Lais auch die indirekten Schäden zu zählen sind. Eindeutig ist dies keineswegs, Strupp bestreitet mit derselben Begründung, daß indirekte Schäden nach der Londoner Seerechtsdeklaration zu ersetzen seien, da Deutschland und Österreich-Ungarn gerade den Bezug nur auf direkten Schaden betont hätten[160]. Da eine Normierung in der Deklaration weder in der einen noch in der anderen Richtung erfolgt ist und außerdem zur Interpretation der Vorgeschichte auch die Auffassung der übrigen Vertragspartner notwendig ist, läßt sich aus der Deklaration ein Schluß weder in der einen noch in der anderen Richtung ziehen. Einigkeit besteht in der Literatur darüber, daß der Schadensersatz einen Ausgleich sämtlicher durch die Vertragsverletzung verursachter Schäden bezweckt[161]. Eine weitere Bestimmung erscheint nach Auffassung einiger Völkerrechtler unmöglich[162], andere halten sie auch für unzweckmäßig[163]. Diese Meinung ist aber abzulehnen, da auch im Völkerrecht Rechtssicherheit bestehen muß. Einigkeit besteht wiederum auch

---

157 *Lais*, Rechtsfolgen völkerrechtlicher Delikte, S. 107.

158 *Lais*, Rechtsfolgen völkerrechtlicher Delikte, S. 110.

159 *Lais*, Rechtsfolgen völkerrechtlicher Delikte, S. 110.

160 *Strupp*, Das völkerrechtliche Delikt, S. 211/212.

161 *Wengler*, Völkerrecht, Bd. 1, S. 514; *O'Connell*, International Law, Vol. II, S. 1115; *Salvioli*, La Responsabilité des Etats, S. 237; *Lais*, Rechtsfolge völkerrechtlicher Delikte, S. 90.

162 *Eagleton*, Responsibilité of States, S. 191.

163 *Strupp*, Die völkerrechtliche Haftung des Staates insbesondere bei Handlungen Privater, S. 31.

darüber, daß der Schadensersatz nicht „unreasonable and excessive" sein darf[164], aber diese Begriffe sind so vage, daß sie keine eindeutige Antwort ermöglichen.

Ein Bezug auf das nationale Recht oder das römische Recht, den einige Autoren zur Bestimmung des Umfanges des Schadensersatzes befürworten[165], erscheint bedenklich, da völkerrechtliche Regeln sich grundsätzlich aus dem Zusammenspiel der verschiedenen nationalen Systeme im Bereich der internationalen Beziehungen und aus der internationalen Praxis ergeben[166].

In den nachfolgenden Kapiteln soll nun versucht werden, Regeln für den Umfang des Schadensersatzes in Anlehnung an Literatur und internationale Rechtsprechung aufzustellen. Für alle gilt der völkerrechtliche Grundsatz, daß der Schadensersatz nur soweit gehen darf, als dadurch der Schädigerstaat nicht in seiner Existenz gefährdet wird[167], die nationalen wichtigsten Interessen der Abwendung eines Notstandes haben also Vorrang. Dies entspricht auch der oben vertretenen Meinung, daß der Notstand gegebenenfalls einen Rechtfertigungsgrund für eine Vertragsverletzung bedeuten kann. Wenn die Notstandsituation beziehungsweise die Existenzgefahr aber überwunden sind, muß der Schädiger auch den restlichen Schadensersatz leisten.

Bei der Frage des Ausmaßes der Wiedergutmachung spielen oft politische Gesichtspunkte eine größere Rolle als wirtschaftliche, dies gilt insbesondere für Verletzungen von Würde und Ehre der Staaten[168], für den Schadensersatz muß aber der Grundsatz gelten, daß die Höhe der zu leistenden Summe in angemessenem Verhältnis zum verursachten Schaden steht. Der Geschädigte darf durch die Vertragsverletzung nicht im Saldo bereichert werden.

2. Direkter Schaden

Einigkeit besteht in Literatur und Rechtsprechung darüber, daß auf jeden Fall der aus einer Vertragsverletzung direkt resultierende Schaden zu ersetzen ist[169]. Als direkter Schaden ist dabei nur anzusehen, was unmittelbar, ohne weitere dazwischengeschaltete Zwischenursachen, aus der Verletzungshandlung resultiert, also zum Beispiel die

---

164 *Berber*, Lehrbuch des Völkerrechts. Bd. III, S. 24.

165 *Lais*, Rechtsfolgen völkerrechtlicher Delikte, S. 41; *Spiropoulos*, Haftung der Staaten für indirekte Schäden, S. 91/92.

166 *Strupp*, Das völkerrechtliche Delikt, S. 211.

167 *Wengler*, Völkerrecht, Bd. 1, S. 514.

168 *Amador*, State Responsibility, S. 481.

169 *Schüle*, Wiedergutmachung, Strupp-Schlochauer, Wörterbuch, Bd. III, S. 844; *Strupp*, Das völkerrechtliche Delikt, S. 211/212; *Lais*, Rechtsfolgen völkerrechtlicher Delikte, S. 48.

entgegen einem Zollabkommen überhöhten Zollgebühren. Nicht dazu zählt dagegen der entgangene Gewinn, der ja im Zeitpunkt der Vornahme der Schädigungshandlung noch gar nicht bestanden hat und nur zu erwarten ist.

Die Bestimmung des Wertes der beschädigten Sache erfolgt nach dem vernünftigen Marktwert des Eigentums zur Zeit und am Platze der schädigenden Handlung, und wenn kein Markt für diese Sache besteht, so entscheidet ihr wahrer Wert[170]. Bei der Bestimmung dieses Wertes sind zwei Elemente von besonderer Bedeutung, und zwar die Frage, welchen Wert die Sache im Zeitpunkt der Entscheidung gehabt hätte und welches die normale Entwicklung gewesen wäre, wenn die Sache in den Händen ihres Eigentümers verblieben wäre[171]. Diese Regeln sind ausreichend bei der Bestimmung von materiellen Schäden, bei ideellen beziehungsweise immateriellen Gütern reichen sie aber nicht aus. Die Frage, ob auch immaterielle Schäden vom Schadensersatz erfaßt werden sollen, und nach welchen Gesichtspunkten hier die Schadensberechnung vorgenommen werden soll, wird an späterer Stelle gesondert behandelt (§ 20, 5).

3. Indirekter Schaden/entgangener Gewinn

Schwierigkeiten wirft die Frage von indirekten Schäden auf. Ein indirekter Schaden ist nicht unmittelbar durch das schädigende Ereignis herbeigeführt, sondern steht nur indirekt mit der Schadensursache in Zusammenhang über Zwischenursachen, die sich als Folge von weiteren Ereignissen oder eines gewissen Zeitablaufs nach dem Eintritt des Hauptschadens darstellen[172]. Wie an früherer Stelle bereits ausgeführt, sollen durch die Wiedergutmachung nach Möglichkeit alle Schäden, die durch die Rechtsverletzung verursacht worden sind, beseitigt werden[173]. Inwieweit hierzu auch indirekte Schäden zählen, ist nicht ganz unumstritten, und weiter schließt sich die Frage an, wann noch ein indirekter Schaden, und wann ein zufälliges Begleitereignis vorliegt, das nicht in einen Zusammenhang zur Schädigungshandlung gestellt werden kann.

Als indirekter Schaden ist insbesondere der entgangene Gewinn (lucrum cessans) anzusehen, der sich daraus ergibt, daß aufgrund der Schädigungshandlung die zerstörte Sache nicht gewinnbringend verkauft werden konnte. Der entgangene Gewinn geht also über den Sachwert der Sache hinaus. Entgangener Gewinn ist auch bei Vertragsverletzungen denkbar, so zum Beispiel in dem Fall, daß entgegen

---

170 *O'Connell*, International Law, Vol. 2, S. 1118.

171 *Salvioli*, La Responsabilité des Etats, S. 238.

172 *Lais*, Rechtsfolgen völkerrechtlicher Delikte, S. 44.

173 *Salvioli*, La Responsabilité des Etats, S. 243.

einem Zollabkommen überhöhte Zollsätze erhoben werden, wodurch der Preis der Sache ebenfalls angehoben werden muß und sie nicht mehr den gewohnten Absatz findet. Im Bereich der Vertragsverletzung ist entgangener Gewinn vor allem bei der Verletzung von Handelsverträgen denkbar.

Indirekter Schaden kann aber auch aus einem positiven Schaden bestehen, dem „damnum emergens", der über Zwischenstufen auf das ursprüngliche Schadensereignis zurückzuführen ist.

Bevor die Frage der Feststellung des indirekten Schadens behandelt werden soll, soll geprüft werden, ob überhaupt indirekter Schaden im Völkerrecht zu ersetzen ist. Gegen eine Erstreckung des Schadensersatzes auch auf indirekte Schäden wendet sich Strupp[174] mit der Begründung, die internationale Gerichtsbarkeit sei nicht Ausdruck der Rechtsüberzeugung der Staaten, die dahingehe, daß der Ersatz für indirekten Schaden abzulehnen sei, was er aus Äußerungen von Staatenvertretern auf der Londoner Seerechtskonferenz 1908/1909 schließt. Gefolgt wird Strupp von Hatschek[175] und Bluntschli, der diese Auffassung mit einem Hinweis auf das Urteil im Alabama-Streit begründet[176].

Entgegen der Auffassung von Strupp geht heute die herrschende Völkerrechtsmeinung davon aus, daß die internationale Gerichtsbarkeit einen Spiegel des Völkergewohnheitsrechts darstellt und insoweit sehr wohl bei der Beurteilung der Frage des indirekten Schadens berücksichtigt werden muß. Ihr gebührt sogar der Vorrang vor der Literatur, weil in vielen Staaten die Auffassung der Lehre von innenpolitischen Zwängen beeinflußt wird und außerdem sehr häufig wechselt, während sich die Gerichtsbarkeit durch größere Kontinuität auszeichnet.

Aus den Verhandlungen über die Londoner Seerechtsdeklaration läßt sich außerdem kein Schluß dahin ziehen, daß kein indirekter Schaden zu ersetzen sei, da gerade diese Aussage nicht in die Deklaration aufgenommen worden ist[177].

In der internationalen Gerichtsbarkeit gibt es Fälle, in denen der Ersatz für einen behaupteten indirekten Schaden abgelehnt worden ist, es ist also zu prüfen, ob sich aus diesen Urteilen ein entsprechender Grundsatz ableiten läßt.

Im Alabama-Fall war England wegen Verletzung der Neutralitätsvorschriften im amerikanischen Sezessionskrieg zu einer globalen

---

174 *Strupp*, Das völkerrechtliche Delikt, S. 211.

175 *Hatschek*, Völkerrecht als System rechtlich bedeutsamer Staatsakte, S. 403.

176 *Bluntschli*, Das moderne Völkerrecht der zivilisierten Staaten, S. 264.

177 *Spiropoulos*, Haftung der Staaten für indirekten Schaden, S. 104.

Schadensersatzleistung an die USA verurteilt worden[178]. Die USA hatten ursprünglich auch Ersatz für indirekte Schäden verlangt, worauf im Urteil aber nicht erkannt worden ist. Aus dieser Entscheidung des Genfer Schiedsgerichts von 1872 läßt sich aber nicht der Schluß ziehen, daß grundsätzlich der Ersatz indirekten Schadens abzulehnen sei. Vielmehr hatten die USA den diesbezüglich erhobenen Anspruch zurückgezogen, da eine Kausalität zwischen der Neutralitätsverletzung und den geltend gemachten indirekten Schäden kaum nachweisbar gewesen war[179]. Dieses Urteil gibt also weder Antwort für noch gegen den Ersatz von indirektem Schaden[180].

Weitere Gerichtsurteile, in denen der Ersatz für indirekten Schaden abgelehnt worden ist, schildert Lais[181].

Im Helicon-Fall war der Ersatz indirekten Schadens abgelehnt worden wegen mangelnder Kausalität, da der Verkauf des Schiffes auf ein falsches Gutachten zurückzuführen war, für das das Deutsche Reich nicht haftete[182]. In den Fällen Baldwin und William[183] war Ersatz für entgangenen Gewinn abgelehnt worden, da nach dem nationalen Recht Mexikos geurteilt worden war, was aber, wie bereits oben ausgeführt grundsätzlich abzulehnen ist. In den Fällen Gedroni[184], Oliva[185], Lacaze[186], Hammerken[187] und Canada[188] ist der Ersatz indirekten Schadens jeweils abgelehnt worden, weil ein solcher Schaden nicht nachweisbar oder unwahrscheinlich war. Aus all diesen Entscheidungen läßt sich aber nicht der Schluß ziehen, daß sie den Ersatz indirekten Schadens grundsätzlich ablehnen wollen, da sie dies nicht ausdrücklich erklären. Viel eher könnte man aus der Tatsache, daß sie sich mit dieser Frage auseinandersetzung, den Schluß ziehen, daß die Gerichte von der Annahme ausgehen, daß in gewissen Fällen auch indirekter Schaden zu ersetzen sei.

Im Wimbledon-Fall, in dem die Alliierten auf die Ersatzpflicht für indirekte Schäden hingewiesen haben, ist es nicht zu einer solchen Entscheidung gekommen, da kein indirekter Schaden festzustellen war, es läßt sich aber aus dem Urteil entnehmen, daß das Gericht von dem

---

178 *Bauer*, Alabama-Fall, Strupp-Schlochauer, Wörterbuch, Bd. I, S. 20; *Lapradelle/Politis*, Recueil des Arbitrages Internationaux, Bd. 2, S. 713 ff.

179 *Lais*, Rechtsfolgen völkerrechtlicher Delikte, S. 56/57.

180 *Spiropoulos*, Haftung der Staaten, S. 101 ff.; *Eagleton*, Responsibility of States, S. 198/199.

181 *Lais*, Rechtsfolgen völkerrechtlicher Delikte, S. 72 - 78.

182 Entscheidungen des Oberprisengerichts in Berlin, S. 411.

183 *Lapradelle/Politis*, Bd. 1, S. 447.

184 *Lafontaine*, Paricrisie Internationale, S. 606.

185 *Ralston*, Venezuela Arbitrations of 1903, S. 771.

186 *Lapradelle/Politis*, Bd. II, S. 292.

187 *Moore*, Digest of International Law, Bd. 4, S. 3473.

188 *Lapradelle/Politis*, Bd. II, S. 634.

Grundsatz der Ersatzpflicht für indirekte Schäden ausgegangen ist[189]. Deutschland hatte mit dem Hinweis auf die Londoner Seerechtskonferenz die Ersatzpflicht für indirekte Schäden bestritten, was aber unbegründet ist, da sich eine derartige Aussage aus der Seerechtsdeklaration nicht entnehmen läßt (s. o.).

In der Gerichtspraxis finden sich auf der anderen Seite auch viele eindeutige Entscheidungen zugunsten des Ersatzes von indirekten Schäden. So wurde im Costa-Rica-Packet-Fall auch der entgangene Gewinn ersetzt, der durch die rechtswidrige Inhaftierung Carpenters und die dadurch erzwungene Stillegung des Schiffes hervorgerufen worden war[190]. Auch in den Fällen Betsey[191], Wanderer[192], Kate[193], Tattler[194], Sidney-Albert[195], Lisbeth-Betty[196], Masonic[197], Lord Nelson[198], William Lee[199] und Cheek[200] lauteten die Entscheidungen der Gerichte auf Ersatz der indirekten Schäden.

Als Beispiel für den Ersatz indirekten Schadens sei hier auch noch einmal auf den Chorzow-Fall hingewiesen, in dessen Urteil es heißt: „En ce qui concerne le lucrum cessans il convient d'observer que les dépenses d'entretien des choses corporelles faisant partie de l'entreprise et même les dépenses d'amélioration et de développement normal des installations et de la propriété industrielle y incorporée, doivent absorber en première ligne des profits, présumables ou réels de l'entreprise. Il y a donc lieu de faire abstraction, jusqu'à un certain point, des profits éventuels, car ils se trouveront être compris dans la valeur hypothétique ou réelle de l'entreprise au moment actuel[201]." Hieraus läßt sich eindeutig entnehmen, daß der Ständige Internationale Gerichtshof von einer Ersatzpflicht auch für indirekte Schäden bei einer Vertragsverletzung ausgeht.

Auch in den bereits oben erwähnten Fällen Fortune Bay Fishermen[202] und Horace B. Parker[203] wurde vom Schiedsgericht auf Schadensersatz

---

189 PCIJ, Series A, No. 1, S. 15, Urteil vom 17. 8. 1923; *v. Münch*, Wimbledon-Fall, Strupp-Schlochauer, Wörterbuch, Bd. III, S. 850.

190 *Thomas*, Costa-Rica-Packet-Fall, Strupp-Schlochauer, Wörterbuch, Bd. I, S. 301.

191 *Lapradelle/Politis*, Bd. 1, S. 51.

192 *Nielsen*, American and British Claims Arbitration, S. 459.

193 *Nielsen*, Claims Arbitration, S. 472.

194 *Nielsen*, Claims Arbitration, S. 489.

195 Entscheidungen des Oberprisengerichts Berlin, S. 62.

196 Entscheidungen des Oberprisengerichts Berlin, S. 166.

197 *Lafontaine*, Paricrisie Internationale, S. 281.

198 *Nielsen*, Claims Arbitration, S. 432.

199 *Moore*, Digest of International Law, Bd. 4, S. 3405.

200 *Moore*, Digest of International Law, Bd. 5, S. 5068.

201 CPIJ, Série A, No. 17, S. 53.

202 *Whiteman*, Damages in International Law, Bd. II, S. 1261.

auch für den zu erwartenden beziehungsweise entgangenen Gewinn erkannt, wobei es sich hier um zu erwartenden Fischfang gehandelt hatte.

Den Entscheidungen der Gerichte entspricht auch die herrschende Literaturmeinung, so schreibt Verdross, daß der Schadensersatz auch den entgangenen Gewinn umfaßt, sofern dieser Gewinn nach dem gewöhnlichen Verlauf der Dinge zu erwarten gewesen wäre[204]. Auch O'Connell schließt sich unter Berufung auf das Urteil der StIG im Chorzow-Fall dieser Meinung an[205], ebenso tun es Salvioli[206] und Lais,[207] der weitere Nachweise auf Schön, Yntema, Haurion und Anzilotti gibt. Auch de Visscher spricht sich für den Ersatz des „damnum emergens" und „lucrum cessans" aus, wobei er den „lucrum cessans" aber als direkten Schaden ansieht[208]. Dieser Unterschied ist nicht wesentlich, sondern nur eine terminologische Variante. Bedeutung hat die Tatsache, daß auch er sich für den Ersatz von „damnum emergens" und „lucrum cessans" ausspricht. Der herrschenden Meinung, daß auch indirekte Schäden zu ersetzen sind, folgen weiter Spiropoulos[209], der dies damit begründet, daß der allgemeine Schadensbegriff direkte und indirekte Verluste umfaßt[210], und Eagleton[211].

Dieser herrschenden Meinung ist uneingeschränkt zuzustimmen, denn objektiv gehören zum Schaden auch entgangener Gewinn und andere indirekte Folgen. Da auch die Praxis der Gerichte den Ersatz indirekter Schäden bejaht, ist von dieser Regel als Grundsatz des Völkergewohnheitsrechts auszugehen.

Mit Bejahung der Schadensersatzpflicht auch für indirekte Schäden ist aber noch nicht gesagt, wann ein solcher zum Ersatz verpflichtender Schaden anzunehmen ist. Diese Frage führt zum Problem der Kausalität zwischen der Rechtsverletzung und dem Schaden.

In der Rechtsprechung ist immer wieder darauf hingewiesen worden, daß ein Staat nur dann für einen Schaden haften solle, wenn sein deliktisches Verhalten kausal für diesen gewesen ist. Diese Meinung entspricht auch den nationalen Rechtsauffassungen. So ist im bereits

203 *Whiteman*, Damages Bd. II, S. 1281.

204 *Verdross*, Lehrbuch des Völkerrechts, S. 402.

205 *O'Connel*, International Law, Bd. II, S. 1115.

206 *Salvioli*, La Responsabilité des Etats, S. 253 ff.

207 *Lais*, Rechtsfolgen völkerrechtlicher Delikte, S. 48.

208 *de Visscher*, La Responsabilité des Etats, S. 118.

209 *Spiropoulos*, Haftung der Staaten für indirekten Schaden, S. 89.

210 *Spiropoulos*, Haftung der Staaten, S. 99.

211 *Eagleton*, Responsibility of States, S. 202: "There can be no doubt that practice, and especially modern cases, admit, in the calculation of damages due because of an injury, the losses which flow, either directly or indirectly, therefrom."

oben erwähnten Wimbledon-Fall[212] der Ersatz der indirekten Schäden, insbesondere eine Entschädigung für die allgemeinen Unkosten der Gesellschaft und für den Erwerbsverlust, mit der Begründung abgelehnt worden, es fehle an der notwendigen Kausalität, was bedeutet, daß bei deren Vorliegen ein derartiger Anspruch begründet gewesen wäre. Ebenso ist auch im Alabama-Fall der Anspruch auf Ersatz der indirekten Schäden von den USA zurückgenommen worden, da eine Kausalität zwischen der Neutralitätsverletzung durch Großbritannien und den von den Nordstaaten erlittenen Schäden nicht nachweisbar war[213]. Auch im bereits oben erwähnten Helicon-Fall[214] führte mangelnde Kausalität zum Ausschluß der Haftung für indirekte Schäden. Ebenso wird im Chorzow-Urteil bezüglich des Ersatzes indirekter Schäden verlangt, daß das Verhalten kausal für die Schädigung war[215].

Auch in der Literatur wird allgemein von der Voraussetzung ausgegangen, daß die Kausalität maßgeblich für die Bestimmung des Umfanges der Schadensersatzpflicht sei[216]. Eagleton weist besonders auf den Umpire Parker hin, der in der German-American Mixed Claims Commission gesagt hat: "It matters not how many links there may be in the chain of causation connecting Germany's act with the loss sustained, provided there is no break in the chain, and the loss can be clearly, unmistakably, and definitely traced, link by link, to Germany's act[217]."

Der Auffassung, daß nur für den Schaden, der kausal verursacht worden ist, aber auch jeder Schaden, auf den dieses Kriterium zutrifft, zu ersetzen ist, ist zuzustimmen, denn der Rechtsverletzer hat alle die Konsequenzen zu vertreten, die zurechenbar auf sein deliktisches Verhalten zurückzuführen sind. Dieser Grundsatz kann als völkergewohnheitsrechtlich anerkannt angesehen werden, da die internationale Gerichtsbarkeit von dieser Regel geschlossen ausgeht und auch die Literatur ihr zustimmt.

Wenn aber bei der Bestimmung der zu ersetzenden Schäden allein auf die Kausalität abzustellen ist, so kommt der Unterscheidung zwischen direkten und indirekten Schäden nur untergeordnete Bedeutung zu, da beide zu erstatten sind, sofern sie in Kausalbeziehung zum

---

212 *v. Münch*, Wimbledon-Fall, Strupp-Schlochauer, Wörterbuch, Bd. III, S. 850.

213 *Lais*, Rechtsfolgen völkerrechtlicher Delikte, S. 56.

214 Entscheidungen des Oberprisengerichts Berlin, S. 411.

215 *Lais*, Rechtsfolgen völkerrechtlicher Delikte, S. 87.

216 *Verdross*, Völkerrecht, S. 402; *Wengler*, Völkerrecht, Bd. I, S. 511; *Ago*, Le Délit International, S. 479; *Eagleton*, Responsibility of States, S. 202/203; *Lais*, Rechtsfolgen völkerrechtlicher Delikte, S. 70; *Kiesselbach*, Probleme und Entscheidungen der deutsch-amerikanischen Schadenskommission, S. 374.

217 *Eagleton*, Responsibility of States, S. 201.

rechtsverletzenden Verhalten stehen[218]. So sagt auch Eagleton zutreffend: "The phrase 'indirect damages' has no precise meaning; it should be dropped from the terminology of international law as misleading and confusing. Referring back to the principle of reparation it may be said that all damages which can be traced back to an injurous act as the exclusive generating cause, by a connected, though not necessarily direct, chain, of causation, should be integrally compensated[219]."

Der Begriff des indirekten Schadens hat aber noch insoweit gewisse Bedeutung, als in ihm auch der entgangene Gewinn enthalten ist, dessen Berechnung bisweilen schwierig sein kann, und die daher unten noch näher behandelt werden soll. Außerdem spielt die Unterscheidung zwischen direktem und indirektem Schaden auch insoweit noch eine Rolle, als bei direktem Schaden die Kausalität im allgemeinen ohne weiteres angenommen werden kann, während sie beim indirekten Schaden immer besonders nachgewiesen werden muß, da hier eher ein Bruch in der Kausalkette auftreten kann.

Insgesamt kann also gesagt werden, daß indirekte und direkte Schäden, die als Folge einer Vertragsverletzung aufgetreten sind, zu ersetzen sind, soweit zwischen ihnen und der Rechtsverletzungshandlung Kausalität besteht. Daß der Schaden auch durch ein anderes Ereignis hätte ausgelöst werden können, befreit nicht von der Verpflichtung zum Schadensersatz, sofern Kausalität zwischen der rechtswidrigen Handlung und dem Schaden besteht[220]. Irgendwelche Nebenursachen bleiben insofern unberücksichtigt.

Nachdem die Bedeutung der Kausalität für die Bestimmung des Umfanges des Schadensersatzes festgestellt worden ist, muß noch gefragt werden, welcher Kausalitätsregel im Völkerrecht der Vorrang zu geben ist. Gegen die Äquivalenztheorie, nach der jede Ursache kausal ist, die nicht hinweggedacht werden kann, ohne daß nicht auch der konkrete Erfolg entfiele, spricht, daß sie sehr leicht ausufern kann und so die Verantwortlichkeit der Staaten über ein vertretbares Maß hinaus ausdehnen könnte. Insbesondere ist dabei zu berücksichtigen, daß von dem Grundsatz der Erfolgshaftung ausgegangen wird (s. o.), so daß bei einer zu weit führenden Kausalität das Schuldkorrektiv entfällt, das sonst bei Anwendung der Äquivalenztheorie im nationalen Recht den Haftungsumfang auf ein vertretbares Maß reduziert.

Eine dem Völkerrecht angemessenere Lösung bietet die Adäquanztheorie[221], die Kausalität nur in den Fällen annimmt, in denen der Ein-

[218] *Lais*, Rechtsfolgen völkerrechtlicher Delikte, S. 48.

[219] *Eagleton*, Responsibility of States, S. 202.

[220] *Wengler*, Völkerrecht, Bd. 1, S. 512.

tritt der Folge vorhersehbar und nach den allgemeinen Erfahrungen nicht außerhalb jeglicher Wahrscheinlichkeit stand; das Ereignis muß im allgemeinen und nicht nur unter besonders eigenartigen, unwahrscheinlichen und nach dem gewöhnlichen Verlauf der Dinge außer Betracht zu lassenden Umständen geeignet sein, einen Erfolg dieser Art herbeizuführen. Unter dieser Voraussetzung ist kein Schuldkorrektiv erforderlich, und es besteht ein befriedigendes Verhältnis zwischen Kausalität und Erfolgshaftung. Eine solche Lösung erscheint auch für die Staaten akzeptabler, weil in diesem Fall die Konsequenzen einer Rechtsverletzung deutlicher vorhersehbar sind.

4. Bestimmung des entgangenen Gewinns

Wie bereits oben ausgeführt, bereitet die Bestimmung der Höhe des entgangenen Gewinns gewisse Schwierigkeiten, da bei dessen Berechnung nur von mehr oder weniger hypothetischen Erwägungen ausgegangen werden kann. Es soll im folgenden versucht werden, gewisse Richtlinien aufzustellen.

Strupp geht davon aus, im Völkerrecht gelte die Beweislastregel, daß der Verletzte die Verletzung und die Höhe des Schadens beweisen müsse[222]. Bezüglich des entgangenen Gewinns kann diese Regel aber nicht gelten, da sich eine Entwicklung, die zwar höchst wahrscheinlich oder sogar mit Sicherheit eingetreten wäre, nie absolut überzeugend nachweisen läßt, da immer Abweichungen vom normalen Verlauf denkbar sind. Das Problem liegt in der Hypothetik des entgangenen Gewinns, die absolute Sicherheit nicht zuläßt. Um einen Ersatzanspruch zu begründen, müssen gewisse Beweiserleichterungen gewährt werden. Einleuchtend erscheint, was der Schiedsrichter M. Asser in seiner Entscheidung im „Cape-Horn-Pigeon“-Fall[223] sagt: „Le principe général du droit civil, d'après lequel les dommages-intérêts doivent contenir une indemnité, non seulement pour le dommage qu'on a souffert, mais aussi pour le gain dont on a été privé, est également applicable aux litiges internationaux. Et pour pouvoir l'appliquer, il n'est pas nécessaire que le montant du gain dont on se voit privé puisse être fixé avec certitude, mais il suffit de démontrer que, dans l'ordre naturel des choses, on aurait pu faire un gain dont on se voit privé par le fait qui donne lieu à la réclamation.“ Er verlangt also lediglich den Nachweis, daß bei normaler Entwicklung der Verhältnisse der Gewinn gemacht worden wäre. Dieser Lösung ist zuzustimmen, da sie den

---

[221] *Schüle*, Wiedergutmachung, Strupp-Schlochauer, Wörterbuch, Bd. III, S. 844.

[222] *Strupp*, Das völkerrechtliche Delikt, S. 212.

[223] *Lapradelle/Politis*, Bd. II, S. 285.

Beweisschwierigkeiten beim entgangenen Gewinn Rechnung trägt, ohne den Hypothesen freien Lauf zu lassen.

Die Berechnung der Höhe des entgangenen Gewinns erfolgte in verschiedenen Fällen auf unterschiedliche Weise. In den Fällen Sidney-Albert[224], Lisbeth-Betty[225], Lord Nelson[226] und William Lee[227] wurde der entgangene Gewinn durch Festlegung einer pauschalen Summe bestimmt, im William-Lee-Fall sogar, obwohl der entgangene Gewinn genau bestimmbar war. Diese Lösung hat zwar den Vorteil, daß sie auf sehr einfachem Wege zu einem Ergebnis führt, das aber nicht unbedingt gerecht ist. Vorzuziehen ist eine möglichst genaue Bestimmung des entgangenen Gewinns an Hand von Gesichtspunkten, die sich aus der Entwicklung in der Vergangenheit ergeben. So ist zum Beispiel im Wanderer-Fall[228] vorgegangen worden, in dem der entgangene Gewinn nach dem durchschnittlichen Fangergebnis der Vorjahre berechnet worden war, und im Masonic-Fall[229], in dem der indirekte Schaden in Anlehnung an den Durchschnittsgewinn früherer Jahre bestimmt wurde. Im Cheek-Fall[230] erfolgte die Berechnung des entgangenen Gewinns nach den Durchschnittserträgen der vergangenen und folgenden drei Jahre. Ein solches Vorgehen ist aber nur möglich, wenn die Entscheidung erhebliche Zeit nach der Rechtsverletzung getroffen wird und überhaupt später auch wieder trotz der Schädigung normal gearbeitet werden konnte. Natürlich birgt diese Art der Berechnung auch noch die Gefahr der Ungenauigkeit in sich, da sich gerade im Schadensjahr die Entwicklung völlig anders abspielen kann. Am gerechtesten erscheint daher die Bestimmung des entgangenen Gewinns nach Vergleichswerten im Schadensjahr, diese sind aber naturgemäß nicht immer zu finden. Denkbar wäre dies aber zum Beispiel im Falle der Verletzung eines Fischereivertrages, nach dem Schiffe eines Staates befugt sind, in den Hoheitsgewässern eines anderen Staates zu fischen. Wird nun ein Schiff rechtswidrig am Fischen gehindert, so läßt sich ein entgangener Gewinn aus den Fangergebnissen gleichartiger Schiffe in demselben Fanggebiet bestimmen.

Der entgangene Gewinn sollte also aus Vergleichswerten oder Durchschnittswerten bestimmt und nicht einfach pauschaliert werden.

---

224 Entscheidungen des Oberprisengerichts Berlin, S. 62.

225 Entscheidungen des Oberprisengerichts Berlin, S. 166.

226 *Nielsen*, American and British Claims Arbitration, S. 432.

227 *Moore*, Digest, Bd. 4, S. 3405.

228 *Nielsen*, Claims Arbitration, S. 459.

229 *Lafontaine*, Paricrisie Internationale, S. 281.

230 *Moore*, Digest, Bd. 5, S. 5068.

5. Immaterielle Schäden

Fraglich ist weiter, ob durch den Schadensersatz im Völkerrecht auch immaterielle Schäden erfaßt werden sollen. Auszugehen ist von der völkerrechtlichen Haftung der Staaten auch für immaterielle Schäden[231], allerdings ist damit noch nicht gesagt, ob als Rechtsfolge auch Schadensersatz geleistet werden muß, vielmehr können für diesen Fall auch andere Rechtsfolgen in Betracht kommen.

Im Costa-Rica-Packet-Fall[232] umfaßte der geleistete Schadensersatz auch Ersatz für immaterielle Schäden, nämlich im konkreten Fall für die in der Untersuchungshaft von Kapitän Carpenter erlittene schlechte Behandlung. Ein Schadensersatz für derartige erlittene Einbußen erscheint noch angemessen, insbesondere, wenn es sich um Gesundheitsverletzungen und ähnliches handelt, da in diesen Fällen der Schaden noch irgendwie meßbar ist.

Man muß aber bedenken, daß der durch eine Vertragsverletzung verursachte immaterielle Schaden nicht nur eine Körperverletzung oder ein rechtswidriger Freiheitsentzug sein kann, sondern auch eine Verletzung von Ehre, Ansehen und Würde eines Staates, was O'Connell als „moral international wrong" bezeichnet[233]. Hier treten erhebliche Schwierigkeiten bei der Bemessung des dadurch tatsächlich erlittenen Schadens in Geld auf, eine exakte Berechnung läßt sich nicht durchführen, was zeigt, daß hier die Grenzen des herkömmlichen Schadensersatzes im Völkerrecht liegen und der Weg offen ist für willkürliche Festsetzungen.

In der Literatur findet sich zu dieser Problematik wenig, sie geht im allgemeinen davon aus, daß bei einer Rechtsverletzung materielle und immaterielle Schäden ersetzt werden müssen[234] und führt nicht zu weiteren Differenzierungen. Auch Strupp geht von der Schadensersatzpflicht der Staaten für immaterielle Schäden aus[235], er sagt aber weiter, daß dieser Schadensersatz, der sich dann ergibt, wenn Staaten in ihrer Ehre betroffen oder immaterielle Güter des Staatsangehörigen völkerrechtswidrig verletzt worden sind, rechtlich als Genugtuung aufzufassen sei, als eine Art Buße[236]. Diese Meinung würde, konsequent durchgeführt, zum Schadensersatz nur für materielle Schäden führen,

---

231 *Verdross,* Völkerrecht, S. 399; *Lais,* Rechtsfolgen völkerrechtlicher Delikte, S. 115.

232 *Thomas,* Costa-Rica-Packet-Fall, Strupp-Schlochauer, Wörterbuch, Bd. I, S. 301.

233 *O'Connell,* International Law, Vol. II, S. 1114.

234 *Lais,* Rechtsfolgen völkerrechtlicher Delikte, S. 108.

235 *Strupp,* Das völkerrechtliche Delikt, S. 210.

236 *Strupp,* Das völkerrechtliche Delikt, S. 213.

während alle übrigen Schäden beziehungsweise verletzten Rechtsgüter über die Rechtsfolge der Genugtuung auszugleichen wären, die im Gegensatz zum Schadensersatz leicht pönalen Charakter hat.

Meines Erachtens ist es nicht möglich, einen Schadensersatz entweder für alle oder für keine immateriellen Schäden zuzuerkennen. Vielmehr muß differenziert werden nach dem Charakter des immateriellen Schadens. Solange er nach gewissen objektiven Gesichtspunkten meßbar ist, so zum Beispiel bei Gesundheitsschäden nach den Heilungskosten, soll er auch im Rahmen des Schadensersatzes erstattet werden. Spielen dagegen bei der Bewertung des Schadens ganz allein subjektive Erwägungen eine Rolle, wie dies zum Beispiel bei der Verletzung der Ehre eines Staates der Fall ist, sollte ein als Wiedergutmachung zu leistender Geldbetrag eher im Bereich der Genugtuung angesiedelt werden, die später noch eingehender behandelt werden soll.

Zu den immateriellen Schäden zählen auch die durch eine Körperverletzung verursachten Schmerzen, die in Form eines Schmerzensgeldes zu entschädigen sind. Wengler geht davon aus, daß das Schmerzensgeld zum Bereich des Schadensersatzes gehört[237], dies erscheint aber nicht so eindeutig, da gerade erlittene Schmerzen nicht objektiv meßbar sind. Das Schmerzensgeld steht gerade zwischen den durch Schadensersatz zu ersetzenden und den durch Genugtuung auszugleichenden Schäden. Seinem Charakter nach steht es aber dem Ersatz für die Verletzung und den daraus resultierenden Heilungskosten näher als einer Genugtuung für eine Ehrverletzung, so daß sich aufgrund des Zusammenhanges eine Leistung von Schmerzensgeld im Rahmen des Schadensersatzes trotz der Schwierigkeit bei der Bemessung seines Umfanges vertreten läßt.

6. Ersatz von Aufwendungen

Eine weitere Frage im Rahmen der Behandlung des Umfanges von Schadensersatzleistungen bezieht sich darauf, inwieweit Aufwendungen, die zur Erhaltung des Rechtsgutes vor dessen Verletzung gemacht worden sind, zum Beispiel in Form von Versicherungen, vom Schädiger zu ersetzen sind.

Im Falle der Eisenbach Brothers & Co. gegen Deutschland hat die Deutsch-Amerikanische-Schadens-Kommission[238] entschieden, daß Deutschland keine Ersatzpflicht für die Versicherungsprämien trifft, die die amerikanische Firma für eine Kriegsversicherung gezahlt hatte

---

[237] *Wengler*, Völkerrecht,, Bd. I, S. 515.

[238] *Kiesselbach*, Probleme und Entscheidungen der Deutsch-Amerikanischen-Schadens-Kommission, S. 220.

und die nicht in Anspruch genommen worden war. Als Begründung für diese Entscheidung führt Witenberg[239] ein Zitat der Mixed Claims Commission United States and Germany auf, in dem es heißt: „Ce n'est pas l'Allemagne qui a contracté cette assurance, mais le requérant, afin de se garantir contre des pertes qui ne se sont jamais produites. Les frais ont entraîné des pertes concomitantes à l'état de guerre, mais elles ne sont pas de celles que l'Allemagne est obligée d'indemniser en vertu des stipulations du traité de Berlin." Begründet wird die Versagung des Ersatzes von Versicherungsprämien also damit, daß die Versicherung auf jeden Fall abgeschlossen worden wäre und der Kriegsgegner keinen Einfluß auf den Abschluß des Versicherungsvertrages hatte. Wer sich versichert, kann nicht von dem etwaigen Schädiger, insbesondere wenn tatsächlich gar kein Schaden aufgetreten ist, Ersatz der Versicherungsprämie verlangen, denn er schließt die Versicherung in seinem eigenen Interesse ab und nicht, um eventuelle Rechtsverletzer zu schützen.

Salvioli[240] äußert gewisse Bedenken gegen diese Entscheidung der Mixed Claims Commission, weil seiner Ansicht nach die Versicherung nur aufgrund der deutschen Kriegserklärung abgeschlossen worden war und außerdem das Risiko, daß Handelsschiffe aufgrund der Kriegssituation beschädigt oder zerstört würden, nicht „incertain, indéfinis, et impossible à déterminer", wie es das Schiedsgericht gesagt hatte, gewesen sei, sondern vielmehr recht eindeutig. Auf der anderen Seite räumt er ein, daß sich nicht Deutschland allein als Veranlasser der Gefahr nachweisen lasse, vielmehr sei der Versicherungsabschluß das Ergebnis eines allgemein im Kriegsfalle bestehenden erhöhten Risikos, und außerdem sei das tatsächliche Verschulden einer Seite am Kriegsausbruch im allgemeinen sehr schwer nachzuweisen, es muß nicht unbedingt der Verlierer sein. Salvioli kommt zu dem Ergebnis[241], daß in dieser Frage weder einfach positiv noch negativ entschieden werden könne, sondern daß vielmehr die Beurteilung von vielen Elementen abhänge, so der Bedeutung und Schwere der Gefahr, der Natur der Bedrohung und dem Grad der Vorsicht. Aber auch diese Gesichtspunkte sind sehr vage und bieten keine zuverlässigen Anhaltspunkte.

Um eine gewisse Sicherheit zu geben, wird man meines Erachtens doch sagen müssen, daß der jeweils Betroffene für Vorsorgemaßnahmen selbst aufkommen muß, da er sie vor allem im eigenen Interesse trifft und nicht, um einen fiktiven Schädiger zu entlasten. Dies trifft ins-

[239] *Witenberg*, Décisions de la Commission Mixte de Réclamation Germano-Américaine, Bd. 1, S. 78.

[240] *Salvioli*, La Responsabilité des Etats, S. 271 ff.

[241] *Salvioli*, La Responsabilité des Etats, S. 276.

besondere bei Vertragsverletzungen zu, weil Versicherungen, die auf einen solchen Fall abgeschlossen werden, im allgemeinen auf ein recht unwahrscheinliches Ereignis abzielen werden. Ebenso sieht es auch bei andersartigen Sicherheitsvorkehrungen aus, denn man fragt sich, warum ein Staat überhaupt einen Vertrag abschließt, wenn er gleichzeitig Vorkehrungen trifft, weil er mit der Verletzung des Vertrages rechnet. Als Beispiel sei der Abschluß eines Friedensvertrages genannt, in dessen Folge die Staaten wieder verstärkt aufrüsten, weil sie eine Vertragsverletzung durch die andere Seite befürchten. Es mutet merkwürdig an, wenn man nun im tatsächlichen Fall des Vertragsbruches vom vielleicht eindeutig nachweisbaren Vertragsverletzer Ersatz für die Rüstungsausgaben seit Vertragsschluß fordern würde.

7. Ergebnis

Abschließend kann gesagt werden, daß der zu leistende Schadensersatz grundsätzlich direkte und indirekte Schäden, insbesondere auch entgangenen Gewinn, umfaßt, wobei dieser Unterscheidung aber keine wesentliche Bedeutung beizumessen ist, da der Charakter des Schadensersatzes ergibt, daß alle die Schäden zu ersetzen sind, die in adäquat kausalem Zusammenhang zur Vertragsverletzung stehen. Die Berechnung des entgangenen Gewinns sollte möglichst nach Vergleichswerten oder mehrjährigen Durchschnittswerten erfolgen. Im Rahmen des Schadensersatzes sind auch immaterielle Schäden, soweit sie objektiv meßbar sind, zu ersetzen, während andere immaterielle Schäden im Rahmen der Genugtuung auszugleichen sind. Eine Ausnahme gilt insoweit nur für das Schmerzensgeld, das im Rahmen des Schadensersatzes geleistet werden soll wegen seiner engen Verknüpfung mit dem Ersatz von Heilungskosten. Dagegen sollen Vorsorgemaßnahmen wie zum Beispiel Versicherungen nicht ersetzt werden, weil diese im eigenen Interesse abgeschlossen werden.

§ 21 Zinsen

Eine weitere Frage im Rahmen der Behandlung des Schadensersatzes ist die, inwieweit und in welchem Umfang vom Schädiger auch Zinsen auf die Schadenssumme zu leisten sind. Es ist insbesondere in der Völkerrechtsliteratur umstritten, ob überhaupt Zinsen gewährt werden sollen. In der Rechtsprechung gibt es zwar einige Urteile, die sich gegen eine Verzinsung im Völkerrecht aussprechen, in der Mehrzahl der Urteile wird aber eine Zinspflicht des Schädigers ausdrücklich angenommen[242].

---

242 *Verdross*, Völkerrecht, S. 403.

Gegen eine Zinspflicht hat sich das Schiedsgericht im Falle Montijo[243] ausgesprochen, und zwar mit der Begründung, es bestehe keine gefestigte Regel bezüglich der Zinspflicht von Ländern und Regierungen, und außerdem mit Rücksicht auf gerade stattfindende diplomatische Verhandlungen, die dadurch nicht beeinflußt werden sollten. Ebenso lehnte der im Mosquito-Indianer-Fall[244] als Schiedsrichter fungierende österreichische Kaiser Franz Joseph am 2. 7. 1871 Verzugszinsen aus Billigkeitsgründen ab.

In den meisten Fällen ist dagegen von den internationalen Gerichten die Zinsleistungspflicht anerkannt worden, so im Costa-Rica-Packet-Fall[245], im Canada-Fall[246] und im Macedonian-Fall[247]. In diesen Fällen wurde grundsätzlich zur Frage der Zinspflicht nichts gesagt, sondern einfach von dieser ausgegangen. Im russisch-türkischen Zinsenstreit, in dem die Russen eine Zinspflicht behaupteten, während die Türken sie verneinten, da keine Mahnung erfolgt sei, ging der Haager Schiedshof in seinem Urteil vom 11. 11. 1912 von dem Grundsatz aus, daß auch nach Völkerrecht Zinsen zu zahlen seien[248]. Auch im Falle William-Lee gewährte die Schiedskommission zusätzlich zum Schadensersatz Zinsen[249] in Höhe von 6 %, ebenso wurden im Turner & Renshaw-Fall Zinsen zuerkannt[250].

In der Literatur sind diese Entscheidungen zum Teil auf Ablehnung gestoßen. Anläßlich des Urteils im russisch-türkischen Zinsenstreit hat Anzilotti die Zinsverpflichtung mit der Begründung abgelehnt, Verzugszinsen seien zwar eine Institution des nationalen Zivilrechts, aber nicht ohne weiteres auf das Völkerrecht zu übertragen, da sie kein logisches Postulat des allgemeinen Prinzips der Verantwortlichkeit darstellten. Anzilotti meint, eine Bestimmung, die eine Verpflichtung zur Zahlung von Zinsen enthalte, sei dem Völkerrecht unbekannt und habe auch nie bestanden, vielmehr seien in den Fällen, in denen auch Zinsen gezahlt worden seien, diese im Rahmen des Schadensersatzes geleistet worden[251]. Diese Begründung ist aber wohl nur eine terminologische Frage, denn ob Zinsen als Schadensersatz oder Schadensersatz als Zinsen bezeichnet wird, ändert an dem Inhalt der Institution nichts. Außerdem bezieht

---

243 *Moore*, History and Digest of the International Arbitration, to which the US has been party, Bd. II, S. 1445, Schiedsspruch vom 26. 7. 1875.

244 *Lafontaine*, Paricrisie Internationale, S. 392.

245 *Lafontaine*, Paricrisie Internationale, S. 512.

246 *Moore*, History and Digest, Bd. II, S. 1747.

247 *Moore*, History and Digest, Bd. II, S. 1466.

248 *Meurer*, Der russisch-türkische Streitfall, in: Schücking, 2. Serie, Bd. 1, S. 251 ff.

249 *Whiteman*, Damages in International Law, Bd. 2, S. 1251.

250 *Whiteman*, Damages, Bd. 3, S. 2010.

251 *Lais*, Rechtsfolgen völkerrechtlicher Delikte, S. 96/97.

sich Anzilotti nur auf Verzugszinsen, während er sich zur Leistung von Schadenszinsen nicht äußert.

Auch Strupp[252] wendet sich gegen die Leistung von Zinsen im Völkerrecht. Er sagt, eine völkerrechtliche Pflicht zur Zahlung von Zinsen bei Geldschulden sei nicht nachweisbar. Sie sei zwar allen Staaten geläufig, aber nicht durch die Rechtslogik gefordert. Nach Strupp fehlt es an einer nachweisbaren Rechtsüberzeugung der Staaten über Beginn des Zinslaufs und über die Höhe der Zinsen. Dieses Argument ist aber nicht unbedingt überzeugend, denn auch wenn keine Einigkeit über Zinslauf und Zinshöhe besteht, so können die Staaten doch grundsätzlich in der Auffassung übereinstimmen, daß überhaupt Zinsen gezahlt werden müssen. Strupp meint, daß im russisch-türkischen Zinsstreit das Haager Schiedsgericht nicht vom Vorliegen einer Zinspflicht auch im Völkerrecht hätte ausgehen dürfen, sondern daß vielmehr ein Nachweis für das Vorliegen dieser Pflicht hätte erbracht werden müssen.

Anzilotti und Strupp geben zu, daß in allen Staaten die Zinspflicht einen Grundsatz des innerstaatlichen Rechts darstellt, woraus man schließen könnte, daß die Zinspflicht einen allgemeinen Rechtsgrundsatz des Völkerrechts bedeutet, denn diese sind definiert als Rechtsgrundsätze, die im nationalen Recht mehrerer oder aller Staaten Geltung haben und somit als ihnen gemeinsam angesehen werden können und aus diesem Grunde auch als Regeln des Völkerrechts ohne Bedenken übernommen werden können[253]. Aus diesem Grunde kann die Argumentation Anzilottis und Strupps nicht überzeugen.

Spiropoulos vertritt die Meinung, daß de lege lata im Völkerrecht keine Zinspflicht nachzuweisen sei, er räumt aber ein, daß sie de lege ferenda zu befürworten sei[254].

Im Wimbledon-Fall, in dem der Ständige Internationale Gerichtshof das Deutsche Reich der Verletzung des Versailler Vertrages für schuldig befunden hatte[255], wurde das Deutsche Reich neben dem Ersatz des entstandenen Schadens auch zur Zahlung von Zinsen verurteilt, wobei es sich nicht um Verzugs-, sondern um reine Schadenszinsen handelte. Der StIG geht also eindeutig von der internationalen Verpflichtung zur Zahlung von Zinsen aus. Ebenso ist die Verpflichtung zur Verzinsung der Schadenssumme auch im Alabama-Fall ausgesprochen worden[256].

---

[252] *Strupp*, Das völkerrechtliche Delikt, S. 213.

[253] *Jaenicke*, Völkerrechtsquellen, Strupp-Schlochauer, Wörterbuch, Bd. III, S. 770.

[254] *Spiropoulos*, Haftung der Staaten für indirekten Schaden, S. 98.

[255] PCIJ, Series A, No. 1, S. 15.

[256] *Bauer*, Alabama-Fall, Strupp-Schlochauer, Wörterbuch, Bd. I, S. 20.

In der neueren Literatur wird dieser Auffassung in der Mehrzahl zugestimmt[257], so sagt Salvioli: „Le seul principe positif de droit international, pour la matière des intérêts, est le devoir général d'indemniser les dommages que peut causer le retard illégal dans l'accomplissement des obligations[258]." Und weiter führt Salvioli zur Frage der Beweislast aus: „L'Etat qui réclame à un autre Etat les intérêts pour retard dans le paiement ne doit rien prouver, parce que, même en droit international, existe la présomption de jure generale que l'Etat créancier aurait utilisé la somme, s'il l'avait eue en temps voulu à sa disposition."

Lais vertritt die Auffassung, daß es zwar richtig sei, daß die Zinspflicht kein zwingendes Rechtspostulat sei, da aber keine völkerrechtlichen Bestimmungen beständen, müßte auf die Zivilrechtsordnungen und die darin enthaltene Zinspflicht zurückgegriffen werden[259]. Diese Überlegungen führen in die Richtung der Annahme der Zinspflicht als allgemeinem Rechtsgrundsatz des Völkerrechts. Außerdem meint Lais, Zinsen seien bei einer außervertraglichen Schadenszufügung im Völkerrecht üblich, da der Schaden voll ausgeglichen werden solle. Dieser Betrag könne aber auch als entgangener Gewinn deklariert werden, was richtig ist. Lais betont, daß die Zinspflicht von den Gerichten allgemein anerkannt sei und der Staatenpraxis entspreche[260].

Der Meinung, daß für einen zugefügten Schaden auch gegebenenfalls Zinsen zu zahlen sind, ist zuzustimmen, denn der Schadensersatz soll ja den Schaden so umfassend wie möglich ausgleichen. Wenn man berücksichtigt, daß bei Verkauf einer Sache der Verkäufer den Erlös zinsbringend anlegen kann, so ist verständlich, wieso er bei einer Zerstörung der Sache, die ihn in den Genuß eines entsprechenden Schadensersatzes bringt, nicht auf den Wert der Sache Zinsen erhalten soll. Diese Schadenszinsen ähneln in ihrem Charakter dem Ersatz für entgangenen Gewinn.

Fraglich ist aber weiter, ob neben den reinen Schadenszinsen auch eine Verpflichtung zur Zahlung von Verzugszinsen bei nicht rechtzeitiger Erfüllung einer Schadensersatzschuld besteht. Die herrschende Meinung lehnt dies ab[261]. Zu verweisen ist hier auf die oben dargestellte Kritik des Urteils des Haager Schiedshofes im russisch-türkischen Zinsstreit[262], in dem dieser die Zinspflicht auch bei Verzug bejaht hatte.

---

257 *O'Connell*, International Law, Vol. II, S. 1122.

258 *Salvioli*, La Responsabilité des Etats, S. 278.

259 *Lais*, Rechtsfolgen völkerrechtlicher Delikte, S. 100.

260 *Lais*, Rechtsfolgen völkerrechtlicher Delikte, S. 101, S. 103.

261 *Schüle*, Wiedergutmachung, Strupp-Schlochauer, Wörterbuch, Bd. III, S. 844.

262 *Meurer*, Der russisch-türkische Streitfall, S. 251.

Lais begründet seine Ablehnung der Verzugszinsen damit, daß eine Unterscheidung zwischen Verzugs- und Schadenszinsen notwendig sei. Die Zinsen bei Entschädigungsleistungen (Schadenszinsen) hätten Entschädigungscharakter, während die Verzugszinsen aus Zweckmäßigkeitsgründen entstanden seien. Im übrigen fehle es im Völkerrecht an einer näheren Bestimmung über den Eintritt des Verzuges[263]. Diese Begründung für eine Differenzierung zwischen Schadens- und Verzugszinsen ist einleuchtend, wobei sich aber gegen die Ablehnung von Verzugszinsen sagen läßt, daß sich auch dieses Rechtsinstitut als allgemeiner Rechtsgrundsatz des Völkerrechts darstellen läßt, da Verzugszinsen in allen Staaten im nationalen Recht anerkannt sind. Auch Regeln über die Begründung des Verzuges lassen sich über den Weg der allgemeinen Rechtsgrundsätze aufstellen.

Lais selbst räumt ein, daß die Unterscheidung zwischen Verzugs- und Schadenszinsen rein rechtstheoretischer Natur sei und im Völkerrecht nicht effektiv werde, da die Nichterfüllung einer Geldschuld im Völkerrecht eine Vertragsverletzung bedeute, die Schadensersatzpflichten erzeugt, die auch Schadenszinsen nach sich ziehen[264]. Über diesen Umweg kommt er dann praktisch auch zum Ergebnis der Leistung von Verzugszinsen, denn der Schaden, der aus der Nichterfüllung der Geldschuld erwächst, besteht in erster Linie aus dem Verlust der Zinsen, den er infolge des Zahlungsverzuges erlitten hat. Im Ergebnis bestehen meines Erachtens entgegen der herrschenden Meinung keine Bedenken zur Anerkennung von Verzugszinsen im völkerrechtlichen Schadensersatzrecht.

Umstritten ist nun weiter die Frage, welcher Zinssatz gewährt werden soll, und bis zu welchem Höchstbetrag Zinsen zu zahlen sind.

Im Wimbledon-Fall sind vom Ständigen Internationalen Gerichtshof 6 % Schadenszinsen als angemessen angesehen worden[265]. Ebenso sind auch im William Lee-Fall[266] von der Schiedskommission Zinsen in Höhe von 6 % zuerkannt worden. In der Literatur werden verschiedene Zinssätze vorgeschlagen. So entscheidet sich O'Connell[267] für 6 % mit der Begründung, dies stehe in Übereinstimmung mit dem großen Gewicht von Gerichtsentscheidungen, in denen Zinsen zuerkannt worden seien. Er sagt aber weiter, daß die Festsetzung von Zinsen ziemlich willkürlich erfolge, so daß sich nur schwer eine feste Regel aufstellen lasse, denn die von den Gerichten eingesetzten Zinsen schwankten

---

263 *Lais*, Rechtsfolgen völkerrechtlicher Delikte, S. 104.

264 *Lais*, Rechtsfolgen völkerrechtlicher Delikte, S. 104.

265 *v. Münch*, Wimbledon-Fall, Strupp-Schlochauer, Wörterbuch, Bd. III, S. 850.

266 *Whiteman*, Damages in International Law, Bd. II, S. 1252.

267 *O'Connell*, International Law, Vol. II, S. 1123.

zwischen 3 % und 12 %. Ebenso weist auch Salvioli auf die wechselnde Rechtsprechung hin[268] und zitiert den StIG im Wimbledon-Fall, wo auch dieser diese Unentschiedenheit eingesteht: „... dans la situation financière actuelle du monde, en tenant compte des conditions admises pour les emprunts publics ..." Lais meint unter Hinweis auf die wechselnde Rechtsprechung bezüglich des Zinssatzes, im Völkerrecht sei kein fester Zinssatz erstrebenswert wegen der sich ständig wandelnden wirtschaftlichen Verhältnisse[269]. Im Falle Eisenbach Brothers & Co. wurden von der Deutsch-Amerikanischen Schadens-Kommission Zinsen in Höhe von 5 % gewährt[270], es läßt sich also feststellen, daß der Zinssatz im allgemeinen im Bereich von 5 - 6 % liegt. Ein fester Satz läßt sich tatsächlich aufgrund der sich ständig ändernden Bedingungen nicht feststellen, so daß im Ergebnis Eagleton zu folgen ist, der sagt: "The rate of interest is determined according to the circumstances, the object being to determine a just compensation for the wrong[271]."

Zum Teil wird im Völkerrecht die Auffassung vertreten, daß der insgesamt im Rahmen der Zinsen zu leistende Betrag nicht den Schadensersatzbetrag übersteigen dürfe (alterum tantum), so auch im Urteil des Hamburger Senats im Fall Yuille, Shortridge & Co., in dem Portugal ein „denial of justice" gegenüber der englischen Firma vorgeworfen wurde. In der Begründung heißt es, diese Entscheidung ergehe gemäß dem „ordinary (local) law", das allein anzuwenden sei[272]. Gegen dieses Urteil wendet Lais ein, daß der Satz, daß Zinsen den Grundbetrag nicht übersteigen dürfen, kein allgemeingültiger Rechtsgrundsatz sei und er daher im Völkerrecht nicht gelte[273]. Ebenso wendet sich auch Spiropoulus mit derselben Begründung gegen die Entscheidung des Hamburger Senats[274]. In der Tat erscheint eine Anwendung dieser Regel im Völkerrecht zweifelhaft, da sie nur Eingang in das Völkerrecht als allgemeiner Rechtsgrundsatz finden könnte, ein solcher Satz im nationalen Recht etlicher Staaten aber nicht existiert. Die zu zahlenden Zinsen können im Völkerrecht also auch die Schadenssumme übersteigen.

Als letzte Frage im Rahmen der Behandlung der Zinsen ist nun noch zu prüfen, ab wann Zinsen zu leisten sind, wobei zu trennen ist zwischen Schadens- und Verzugszinsen. Bei den Schadenszinsen kommen hierfür zwei Zeitpunkte in Betracht, nämlich das Schadensereignis

268 *Salvioli*, La Responsabilité des Etats, S. 285.

269 *Lais*, Rechtsfolgen völkerrechtlicher Delikte, S. 102.

270 *Kiesselbach*, Probleme und Entscheidungen der Deutsch-Amerikanischen Schadens-Kommission, S. 374/375.

271 *Eagleton*, Responsibility of States, S. 205.

272 *Whiteman*, Damages in International Law, S. 1816.

273 *Lais*, Rechtsfolgen völkerrechtlicher Delikte, S. 105.

274 *Spiropoulos*, Haftung der Staaten für indirekten Schaden, S. 95.

oder das Urteil. Im bereits oben erwähnten Wimbledon-Fall hat der StIG entschieden, daß die Verzinsung mit dem Datum des Urteils beginnen soll[275], diese Entscheidung ist aber nicht unbestritten geblieben. So spricht sich O'Connell eindeutig für Verzinsung ab Schadensereignis aus und begründet die abweichende Meinung des StIG im Wimbledon- Urteil damit, daß dort die Verzinsung als „penal damages for delict“ gedacht gewesen sei[276]. In den Fällen William Lee[277] und Macedonian[278] wurde auf Zinsen seit dem Tage der Geltendmachung des Anspruchs erkannt, das heißt ab einem Zeitpunkt, der zwischen Schadensereignis und Urteil liegt. Diese Meinung ist insofern vertretbar, als so dem Schädiger der Beginn des Zinslaufs und die Möglichkeit, daß eine Zinspflicht entstehen kann, vor Augen geführt wird. Lais geht von dem Völkerrechtssatz aus, daß von dem Tage der Schädigung ab Zinsen als geeignete Form zum Ausgleich des weiteren Schadens zu zahlen sind, da damit sämtliche Fälle gedeckt seien[279]. Dieser Meinung ist auch die Deutsch-Amerikanische Schadens-Kommission gefolgt, als sie im Fall Eisenbach Brothers & Co. auf Zinsen in Höhe von 5 % seit dem Tag des schädigenden Ereignisses erkannte[280]. Zu diesem Ergebnis kommt auch Verdross, der allerdings noch differenziert, wenn er sagt, daß der Zinslauf entweder mit dem Tag der Schadenszufügung oder der Urteilsfällung beginne, was davon abhänge, in welcher Art und Weise der Schadensersatz berechnet werde. Wenn nur der erlittene Schaden zugesprochen wurde, so habe der Zinsenlauf mit der Setzung des Unrechtstatbestandes zu beginnen; wurde dagegen auch der entgangene Gewinn berücksichtigt, so würden die Zinsen erst von der Urteilsfällung an geschuldet[281]. Der Meinung, daß Zinsen vom Zeitpunkt der Schadenszufügung an zu zahlen sind, ist zuzustimmen, da nur dann gewährleistet ist, daß der Schaden durch die Leistung von Schadensersatz und Zinsen abgedeckt wird. Bei der Meinung, daß Zinsen erst ab Urteilsfällung zu zahlen sind, entsteht praktisch für den Verletzten immer ein Minus, da er der Zinsen für den Zeitraum zwischen Schädigung und Urteil verlustig geht. Auch das Argument, der Ersatz des entgangenen Gewinns mache Zinsen seit dem Zeitpunkt der Schadenszufügung überflüssig, kann diesem Ergebnis nicht entgegengesetzt werden, da nicht in allen Fällen ein entgangener Gewinn entsteht, in denen ein Schaden gegeben ist.

---

275 PCIJ, Series A, No. 1, S. 15.

276 *O'Connell*, International Law, S. 1122.

277 *Moore*, Digest, S. 3406.

278 *Lapradelle/Politis*, Bd. II, S. 223.

279 *Lais*, Rechtsfolgen völkerrechtlicher Delikte, S. 105.

280 *Kiesselbach*, Probleme und Entscheidungen der Deutsch-Amerikanischen Schadens-Kommission, S. 374.

281 *Verdross*, Völkerrecht, S. 403.

Für den Zeitpunkt des Beginns von Verzugszinsen ist ein In-Verzug-Setzen erforderlich[282], da sonst kein Verzug vorliegt. Der Verzug setzt voraus, daß eine anerkannte Geldforderung besteht, die nicht erfüllt wird. Um im konkreten Fall bei der Nichtleistung der geschuldeten Summe zum richtigen Zeitpunkt den Verzug auszulösen, muß der Gläubiger dem Schuldner deutlich machen, daß ab jetzt eine weitere Verzögerung der Zahlung als vertragswidrig angesehen und eine Zinsverpflichtung auslösen würde. Diese Auffassung hat auch die Türkei mit Recht im russisch-türkischen Zinsstreit vertreten[283]. Erforderlich ist also zur Begründung von Verzugszinsen, daß der Gläubiger nach Fälligkeit der Geldschuld den Schuldner nach einer angemessenen Frist mahnt und ihn darauf aufmerksam macht, daß bei weiterer Nichtzahlung die Verpflichtung zur Leistung von Verzugszinsen begründet werde. Zahlt der Schuldner darauf weiterhin nicht, so gerät er in Verzug und kann in einem anschließenden Gerichtsverfahren zur Zahlung von Verzugszinsen verurteilt werden, wobei für den Beginn der Berechnungsfrist der Zeitpunkt der Mahnung maßgeblich ist.

§ 22 Zeitpunkt der Schadensberechnung

Bei der Bestimmung der Höhe des Schadensersatzes kann auf zwei verschiedene Momente abgestellt werden, und zwar auf den Zeitpunkt der Vornahme der Vertragsverletzung oder auf den Zeitpunkt der Entscheidung[284]. Nach Salvioli sind dabei zwei Punkte zu beachten, nämlich erstens welches der Wert der Sache im Zeitpunkt der Entscheidung gewesen wäre, und zweitens welches die normale Entwicklung gewesen wäre, die die Sache vernünftigerweise durchgemacht hätte, wenn sie in den Händen ihres Eigentümers geblieben wäre[285]. Zur Begründung verweist er auf den StIG im Chorzow-Fall[286], wo es heißt: „Il s'ensuit que l'indemnité due au Gouvernement allemand n'est pas nécessairement limitée à la valeur qu'avait l'entreprise au moment de la dépossession, plus les intérêts jusqu'au jour du paiement. Cette limitation ne serait admissible que si le Gouvernement polonais avait eu le droit d'exproprier et que si son tort se réduisait à n'avoir pas payé aux deux Sociétés le juste prix des choses expropriées: dans le cas actuel, elle pourrait aboutir à placer l'Allemagne et les intérêts protégés par la convention de Genève ... dans une situation plus

282 *Salvioli*, La Responsabilité des Etats, S. 279.
283 *Meurer*, Der russisch-türkische Streitfall, S. 251.
284 *Salvioli*, La Responsabilité des Etats, S. 238.
285 *Salvioli*, La Responsabilité des Etats, S. 239.
286 PCIJ, Série A, No. 13.

défavorable que celle dans laquelle l'Allemagne et ces intérêts se trouveraient si la Pologne avait respecté la dite Convention." Hiernach wäre also der wahrscheinliche Wert der Sache zum Zeitpunkt der Entscheidung maßgeblich. Gegen diese Meinung ergeben sich aber insofern Bedenken, als auf der einen Seite der Schadensersatz auch den entgangenen Gewinn und Zinsen umfassen soll, wobei die Zinsen vom Zeitpunkt der Rechtsverletzung ab berechnet werden, auf der anderen Seite aber für die Berechnung des Grundschadens der Zeitpunkt des Urteils maßgeblich sein soll. Wenn man von der Meinung Salviolis ausgeht, muß man die Gewährung von Ersatz für entgangenen Gewinn versagen, weil dieser automatisch im Wert der Sache zum Zeitpunkt des Urteils enthalten wäre, es sei denn, die Sache hätte einen Gewinn erzielt, der über dem Marktpreis liegt; auch Zinsen dürften erst ab Urteilsfällung berechnet werden, weil auch der Wertzuwachs im Wert zur Zeit des Urteils enthalten wäre.

In dem Fall, daß die Sache im Zeitverlauf an Wert verloren hätte, müßte wieder der entgangene Gewinn berechnet werden, während Zinsen ganz entfallen müßten. Diese Lösung erscheint umständlich und den Interessen des Gläubigers abträglich, da in jedem Schadensfall von anderen Gesichtspunkten ausgegangen werden müßte.

Für den Gläubiger günstiger und auch in der Beweisführung einfacher erscheint die Lösung, daß vom Wert der Sache im Zeitpunkt der Schädigung ausgegangen wird, wobei dann die weitere Entwicklung in Form des Ersatzes von entgangenem Gewinn und der Berechnung von Zinsen berücksichtigt werden müßte. Hierfür spricht auch, daß im Fall der Naturalrestitution der Zustand wiederhergestellt werden soll, der bestanden hätte, wenn das Recht nicht verletzt worden wäre, was heißt, daß der Zustand, der im Zeitpunkt der Schädigung bestanden hat, wiederhergestellt werden muß. Der Zustand zu einem späteren Zeitpunkt ließe sich wohl nur sehr schwer darstellen.

Im Ergebnis würde sich kein großer Unterschied zwischen den beiden Möglichkeiten ergeben, sofern sie exakt durchgeführt werden, so daß aus diesem Grunde mehr für die Lösung spricht, nach der vom Zeitpunkt des Schadensereignisses ausgegangen wird, da hier die Beweisführung erleichtert ist.

§ 23 Auswirkungen des Ausmaßes des Verschuldens auf den Umfang des Schadensersatzes

Eine weitere Frage in der Behandlung des Schadensersatzes ist die, ob der Grad des Verschuldens, sei es Vorsatz, sei es Fahrlässigkeit, Einfluß auf den Umfang des Schadensersatzes haben soll. Salvioli spricht sich für eine Berücksichtigung dieses Elements aus[287], da die persönlichen Beziehungen des Vorsatz- und Fahrlässigkeitstäters zum Erfolg unterschiedlich seien, wodurch auch ein verschiedener Umfang der Haftung gerechtfertigt werde. Diese Meinung läßt aber den Zweck der Wiedergutmachung, zu der auch der Schadensersatz gehört, außer acht. Sinn des Schadensersatzes ist es ganz allein, den objektiv hervorgerufenen Schaden zu beseitigen, soweit dies möglich ist. Der Schadensersatz trägt keinerlei Strafcharakter, was bei einer Berücksichtigung des Verschuldens anzunehmen wäre. Außerdem soll noch einmal darauf hingewiesen werden, daß in der vorliegenden Arbeit von der Erfolgshaftung ausgegangen wird, mit der eine unterschiedliche Haftung nach dem Grad des Verschuldens unvereinbar wäre.

Der Grad des Verschuldens hat also keinen Einfluß auf den Umfang des Schadensersatzes, es sei denn, der Schädiger kann nachweisen, daß ihn keinerlei Verschulden trifft (s. o.), oder daß den Geschädigten ein Mitverschulden trifft, was noch später behandelt werden soll.

§ 24 Genugtuung

Eine weitere im Deliktsrecht und auch bei der Vertragsverletzung denkbare Rechtsfolge ist die Genugtuung. Die herrschende Meinung der Literatur geht von der Genugtuung als möglicher Rechtsfolge aus[288], fraglich ist aber, ob sie auch im Falle der Vertragsverletzung eingreifen kann.

Auch in der Rechtsprechung ist die Genugtuung als Rechtsfolge anerkannt worden, so im Carthage- und im Manouba-Fall[289]. In der Rechtsprechung wird aber nur selten auf Genugtuung entschieden, da den Schiedsgerichten dazu von den Staaten selten die Kompetenz gegeben wird[290].

Die Genugtuung dient dem Ausgleich erlittener immaterieller Schäden, sie tritt also insoweit als Ergänzung von Naturalrestitution und Schadensersatz auf[291]. Nach Kelsen ist der Zweck der Genugtuung, die der Würde und Ehre eines Staates angetane Verletzung zu heilen,

---

287 *Salvioli*, La Responsabilité des Etats, S. 269.

288 *Bissonnette*, La Satisfaction comme Mode de Réparation en Droit International, S. 25.

289 *Bissonnette*, La Satisfaction, S. 139.

290 *Bissonnette*, La Satisfaction, S. 162.

291 *Schüle*, Wiedergutmachung, Strupp-Schlochauer, Wörterbuch, Bd. III, S. 844; *Strupp*, Das völkerrechtliche Delikt, S. 210; *Bissonnette*, La Satisfaction comme Mode de Réparation en Droit International, S. 45; *Lais*, Rechtsfolgen völkerrechtlicher Delikte, S. 26.

seiner Meinung nach bedeutet sie Realisierung des Vergeltungsprinzips in symbolischer Form[292], was zu einer Verwandtschaft zur Strafe führen würde. Triepel sieht in der Genugtuung ganz neutral die Beschwichtigung des durch die Tat verletzten Gefühls des Auslandes[293], sie ist nur an das objektive Vorliegen einer Rechtsverletzung gebunden und setzt keine Schuld voraus. Anzilotti sieht in der Genugtuung die Wiedergutmachung der der Würde und Ehre eines Staates angetanen Verletzung[294].

Während also Anzilotti die Genugtuung als Teil der Wiedergutmachung ansieht, sieht Triepel in ihr eine selbständige Rechtsfolge. Auf diese Frage soll noch weiter unten eingegangen werden.

Die Genugtuung ist zu definieren als Rechtsfolge, durch die Staaten zugefügte immaterielle Schäden, insbesondere Verletzung von Ehre und Würde, ausgeglichen werden sollen[295]. Als erstes muß geprüft werden, ob eine solche Rechtsfolge auch bei Vertragsverletzungen denkbar ist. In der Literatur findet sich keine diesbezügliche Aussage, da in ihr die Vertragsverletzung im allgemeinen dem Delikt in allen Folgen gleichgestellt und somit kein Bedürfnis für eine gesonderte Prüfung dieser Frage gesehen wird.

In jeder Vertragsverletzung kann insofern eine Verletzung immaterieller Güter gesehen werden, als der Rechtsbrecher damit zum Ausdruck bringt, daß dem Staat X gegenüber ein Vertrag nicht eingehalten zu werden brauche, worin eine Ehrverletzung zu sehen ist, da der Staat damit in der Beurteilung abgewertet wird. Hieraus könnte sich ein Anspruch auf Genugtuung ergeben. Weiter können als Folgen der Vertragsverletzung immaterielle Schäden entstehen, die, wenn schon nicht durch Schadensersatz ausgleichbar, so doch zumindest einen moralischen Ersatz durch die Genugtuung erfordern. Weiterhin sind Verträge denkbar, die nur moralische Verpflichtungen erzeugen, zum Beispiel zur gegenseitigen Respektierung. Wird nun ein solcher Vertrag durch ungerechtfertigte Verbalangriffe gebrochen, so kann auch dies als Rechtsfolge einen Anspruch auf Genugtuung nach sich ziehen. Insgesamt läßt sich also, da Vertragsverletzungen auch immaterielle Schäden, insbesondere Ehrverletzungen beinhalten können, als Rechtsfolge auch die Genugtuung denken.

Über Leistung und Umfang der Genugtuung gibt es keine Rechtssätze[296], auch die Praxis ist nicht einheitlich, es müssen daher in

---

292 *Kelsen*, Unrecht und Unrechtsfolgen im Völkerrecht, S. 559.

293 *Triepel*, Völkerrecht und Landesrecht, S. 335.

294 *Anzilotti*, Lehrbuch, S. 409.

295 *Verdross*, Lehrbuch des Völkerrechts, S. 404; *Levin*, Verantwortlichkeit der Staaten, S. 156.

296 *Lais*, Rechtsfolgen völkerrechtlicher Delikte, S. 114.

Anlehnung an Literatur und Rechtsprechung gewisse Regeln herausgearbeitet werden.

Es läßt sich feststellen, daß die Staaten auf der einen Seite großen Wert auf die Genugtuung legen, da sie selbst durch das Delikt direkt betroffen sind, auf der anderen Seite ist sie aber auch besonders unangenehm, weil die innere Sphäre des Staates angesprochen wird und er dadurch besonders deutlich die Rechtsverletzung eingesteht. Im Carthage- und im Manouba-Fall war neben dem Schadensersatz auch Genugtuung für Mißachtung der Flagge von Frankreich gefordert worden. Das Haager Schiedsgericht beschränkte sich in seiner Entscheidung vom 6. 5. 1913 aber auf Schadensersatz für den materiellen Schaden, da dadurch auch bereits eine Verletzung der Haager Konvention (vom 18. 10. 1907) und der Genfer Konvention (vom 6. 7. 1906) festgestellt sei. Eine weitere Sanktion übersteige das Ziel internationaler Rechtsprechung[297]. Dieses Urteil kann nicht als Argument gegen das Institut der Genugtuung herangezogen werden, da darüber nichts ausdrücklich gesagt wurde, vielmehr sah das Gericht die zusätzliche Rechtsfolge der Genugtuung nicht als erforderlich an[298]. So meint Strupp zu diesem Fall, daß ein Franc für die Mißachtung der Flagge als Buße mit Genugtuungsnatur angemessen gewesen wäre[299].

Nicht eindeutig geklärt ist der Rechtscharakter der Genugtuung, sei es als selbständige Rechtsfolge oder als Teil der Wiedergutmachung. Nach Triepel stellt die Genugtuung eine selbständige Rechtsfolge dar, da sie nicht Ausgleich oder Ersatz eines Schadens bedeute[300]. Gerade diese Funktion hat aber die Wiedergutmachung, denn sie soll den erlittenen materiellen oder unter Umständen auch immateriellen Schaden auf irgendeine Weise ausgleichen. Dagegen sieht Kelsen die Genugtuung als eine Form der Wiedergutmachung, da sie dem Ausgleich und der Heilung der Ehre und Würde eines Staaten angetanen Verletzung diene[301].

Lais geht von der Genugtuung als Wiedergutmachung aus[302], wobei er sich besonders mit Jeß auseinandersetzt, der der Genugtuung keinen Wiedergutmachungscharakter zubilligt, da sie konfirmativ-sanktionierenden Charakter habe, also eine Sanktion darstelle, die über die Wiedergutmachung hinausgehe[303]. Nach Lais hat die Genugtuung da-

---

297 *Strupp*, Das völkerrechtliche Delikt, S. 214.

298 *Bissonnette*, La Satisfaction comme Mode de Réparation en Droit International, S. 139.

299 *Strupp*, Das völkerrechtliche Delikt, S. 214.

300 *Triepel*, Völkerrecht und Landesrecht, S. 535.

301 *Kelsen*, Unrecht und Unrechtsfolge im Völkerrecht, S. 559.

302 *Lais*, Rechtsfolgen völkerrechtlicher Delikte, S. 26.

303 *Jeß*, Politische Handlungen Privater gegen das Ausland und das Völkerrecht, S. 84.

gegen einen heilenden, wiedergutmachenden Charakter, sie bedeute Wiedergutmachung des ideellen Schadens[304]. Wie Lais gehen auch Reuter[305] und Bissonnette[306] von der Genugtuung als einer Form der Wiedergutmachung aus.

Der Zweck der Genugtuung liegt in der Ausgleichung der Verletzung immaterieller Rechtsgüter, und zwar von Rechtsgütern, die nicht im Wege der Naturalrestitution wiederherstellbar sind noch durch Schadensersatz zumindest wertmäßig ausgeglichen werden können. Die Wiedergutmachung soll dazu führen, daß sämtliche durch den Rechtsbruch verletzten Rechtsgüter in Natur, wertmäßig oder auf sonstige Weise möglichst weitgehend ausgeglichen werden. Insofern ist eine Deckung der Begriffe Wiedergutmachung und Genugtuung festzustellen, als die Ausgleichung immaterieller Schäden betroffen ist. Die Genugtuung ist also im Bereich der Wiedergutmachung anzusiedeln neben der Naturalrestitution und dem Schadensersatz.

Im folgenden sollen nun noch die wesentlichsten Arten der Genugtuung dargestellt werden, wie sie sich aus Literatur und Rechtsprechung ergeben.

Als erstes sei auf die Entschuldigung hingewiesen, die insbesondere bei Ehrverletzungen, aber auch bei Vertragsverletzungen insgesamt in Betracht kommt[307]. Die Entschuldigung kann durch ein Mitglied der Regierung oder durch einen Diplomaten mündlich, schriftlich oder in der Presse erbeten werden[308]. Eine besondere Art der Entschuldigung ist der Entschuldigungsgang oder die Sühnemission, in der ein Staatsvertreter sich persönlich zu einem Vertreter des verletzten Staates begibt, um sich für sein Land zu entschuldigen und dem verletzten Staat die gebührenden Ehren zu erweisen[309]. Als Beispiel sei hierfür die chinesische Sühnemission aus dem Jahre 1901 erwähnt, die aus Anlaß der Ermordung des deutschen Gesandten von Ketteler während des Boxer-Aufstandes unter Führung eines Prinzen nach Berlin kam[310]. Levin verurteilt allerdings diese Maßnahme als imperialistisch-kapita-

---

304 *Lais*, Rechtsfolgen völkerrechtlicher Delikte, S. 26 - 28.

305 *Reuter*, La Responsabilité Internationale, S. 191.

306 *Bissonnette*, La Satisfaction comme Mode de Réparation en Droit International, S. 45.

307 *Levin*, Verantwortlichkeit der Staaten, S. 173; *Schüle*, Wiedergutmachung, Strupp-Schlochauer, Wörterbuch, Bd. III, S. 844; *Verdross*, Völkerrecht, S. 405; *O'Connell*, International Law, Vol. II, S. 1117; *Eagleton*, Responsibility of States, S. 183.

308 *Lais*, Rechtsfolgen völkerrechtlicher Delikte, S. 119; *Bissonnette*, La Satisfaction comme Mode de *Réparation* en Droit International, S. 86.

309 *Bissonnette*, La Satisfaction, S. 107.

310 *Strupp*, Das völkerrechtliche Delikt, S. 216; *Eagleton*, Responsibility of States, S. 185.

listisch[311]. Sühnemissionen sind in der Praxis sehr selten und erfolgen im allgemeinen nur unter Druck[312], was auch die chinesische Sühnemission zeigt, da sie eine besondere Erniedrigung des Rechtsverletzers bedeutet.

Eine abgeschwächte Form der Entschuldigung ist die Erklärung des Bedauerns[313], das ebenfalls mündlich oder schriftlich von Vertretern des Staates erklärt werden kann.

Als weitere Möglichkeit der Genugtuung ist die Erklärung beziehungsweise Bestätigung von Rechten anzusehen[314]. Als Beispiel hierfür nennt Levin den Fall der Durchsuchung der sowjetischen Handelsvertretung in Berlin durch die Polizei im Jahre 1924. In der Folge entschuldigte sich die Reichsregierung und bestätigte offiziell die Exterritorialität der sowjetischen Handelsvertretung[315].

Außerdem muß noch die Ehrenbezeugung vor einem Hoheitszeichen des Staates genannt werden, insbesondere die Huldigung der Flagge[316] oder die Errichtung eines Denkmals, wie dies nach dem Boxer-Aufstand für den deutschen Gesandten v. Ketteler in Peking geschah[317]. Als Beispiel sei hierzu noch der deutsch-französische Flaggenzwischenfall von 1920 erwähnt, in dessen Verlauf eine Volksmenge die französische Flagge von der französischen Botschaft in Berlin heruntergeholt hatte. Als Rechtsfolge erging eine Entschuldigung seitens der Reichsregierung, und eine Kompanie Soldaten mußte vor der französischen Botschaft der Französischen Flagge Ehrenbezeugungen erweisen[318].

Als weitere Arten der Genugtuung kommen auch noch die Auslieferung des Schuldigen, was aber nicht möglich ist, soweit sie Staatsangehörige des Schädigerstaates sind (zumindest in der BRD, Art. 16 II 1 GG)[319], oder die Leistung von Garantien[320] in Frage. Eine Leistung von

---

311 *Levin*, Verantwortlichkeit der Staaten, S. 174.

312 *Lais*, Rechtsfolgen völkerrechtlicher Delikte, S. 120.

313 *Strupp*, Das völkerrechtliche Delikt, S. 216; *Levin*, Verantwortlichkeit der Staaten, S. 173; *Bissonnette*, La Satisfaction comme Mode de Réparation en Droit International, S. 94.

314 *O'Connell*, International Law, Vol. II, S. 1117.

315 *Levin*, Verantwortlichkeit der Staaten, S. 175.

316 *Verdross*, Völkerrecht, S. 405; *Eagleton*, Responsibility of States, S. 183 bis 184; *Levin*, Verantwortlichkeit der Staaten, S. 173; *Bissonnette*, La Satisfaction, S. 100.

317 *Strupp*, Das völkerrechtliche Delikt, S. 216.

318 *Lais*, Rechtsfolgen völkerrechtlicher Delikte, S. 121; *Eagleton*, Responsibility of States, S. 186.

319 *Lais*, Rechtsfolgen völkerrechtlicher Delikte, S. 123.

320 *Kelsen*, Unrecht und Unrechtsfolge im Völkerrecht, S. 560; *Bissonnette*, La Satisfaction comme Mode de Réparation en Droit International, S. 121.

Garantien ist auch bei Handelsverträgen denkbar, insbesondere bei mehrfacher Vertragsverletzung und der Gefahr weiterer Vertragsbrüche[321]. Eine solche Garantie kann zum Beispiel aus einer Okkupation, einer Verpfändung oder einer Abtretung von Staatseigentum und Staatseinnahmen bestehen[322].

Als Genugtuungsleistung kann auch eine Bestrafung des oder der Schuldigen verlangt werden und erfolgen[323]. Als Beispiele seien hier der deutsch-französische Flaggenzwischenfall (1920) und die Stettiner, Ingolstädter und Passauer Zwischenfälle (1922) genannt, in denen die Bestrafung der schuldigen Privatpersonen beziehungsweise Amtsträger verlangt wurde und auch erfolgte[324]. Auch wurden nach dem Boxer-Aufstand in China Großwürdenträger hingerichtet[325].

Zum Schluß soll noch auf die Genugtuung in Form der Zahlung einer Geldbuße hingewiesen werden[326]. Die Buße fällt insofern aus dem Rahmen der übrigen Genugtuungsmaßnahmen heraus, als sie als einzige mit Geldleistungen verbunden ist, und ihr insoweit ein gewisser pönaler Charakter nicht abgesprochen werden kann. Im Cheek-Fall, in dem Siam eine vertraglich mit den USA vereinbarte Konsultationspflicht im Falle der Vornahme von Maßnahmen gegen amerikanische Staatsangehörige verletzt hatte, ist eine Buße für die Verletzung von vertraglichen Rechten abgelehnt worden[327], da den Staat Siam kein Verschulden treffe und daher mit Rücksicht auf den pönalen Charakter der Buße diese nicht angemessen sei. Als Beispielsfälle sei auf die von Lais[328] aufgeführten Fälle Mannheim, Passau und Ingolstadt verwiesen, in denen von Frankreich beziehungsweise den alliierten Mächten Geldbußen vom Deutschen Reich verlangt wurden. Insgesamt ist die Buße im Völkerrecht aber sehr selten. Zu betonen ist noch einmal, daß sie nicht mit dem Schadensersatz verwechselt werden darf, da ihre Zielsetzungen unterschiedlich sind. Während die Buße Genugtuungs- und in gewissem Maße auch Sühnefunktion hat, hat der Schadensersatz Ausgleichsfunktion[329], die Bemessung der als Sühne zu leisten-

---

321 *Lais*, Rechtsfolgen völkerrechtlicher Delikte, S. 124.

322 *Lais*, Rechtsfolgen völkerrechtlicher Delikte, S. 134.

323 *Schüle*, Wiedergutmachung, Strupp-Schlochauer, Wörterbuch, Bd. III, S. 844; *Verdross*, Völkerrecht, S. 405; *Wedler*, Der internationale Strafanspruch in der Staatenpraxis, S. 252.

324 *Lais*, Rechtsfolgen völkerrechtlicher Delikte, S. 121/122.

325 *Strupp*, Das völkerrechtliche Delikt, S. 216; *Eagleton*, Responsibility of States, S. 185.

326 *Schüle*, Wiedergutmachung, S. 844; *Verdross*, Völkerrecht, S. 405; *Levin*, Verantwortlichkeit der Staaten, S. 173.

327 *Whiteman*, Damages in International Law, Bd. III, S. 1646.

328 *Lais*, Rechtsfolgen völkerrechtlicher Delikte, S. 125.

329 *Lais*, Rechtsfolgen völkerrechtlicher Delikte, S. 127.

den Summe erfolgt aber nach ähnlichen Grundsätzen wie der Schadensersatz, nämlich in Anlehnung an den Wert des immateriellen Rechts[330]. Die Buße steht also insoweit zwischen der Genugtuung und dem Schadensersatz.

§ 25 Retorsion, Repressalie, Krieg

1. Allgemeines

Weitere denkbare Rechtsfolgen einer Vertragsverletzung sind Retorsion, Repressalie und Krieg. Kelsen sieht sie überhaupt als die einzigen vollgültigen Rechtsfolgen des Delikts an, die durch Wiedergutmachungsleistungen nur suspendiert werden können[331]. Gegen diese Meinung erhebt sich aber heute allgemeiner Widerspruch[332], was insbesondere mit dem in verschiedenen Verträgen zum Ausdruck gebrachten und zum Gewohnheitsrecht erstarkten Gewaltverbot begründet wird[333]. Dies betrifft aber nur Gewaltmaßnahmen im engeren Sinne, während die sonstige Ausübung von Druck oder Zwang auf einen anderen Staat als Rechtsfolge für eine Vertragsverletzung völkerrechtlich nicht ausgeschlossen ist, aber auch hier müssen die Maßnahmen in angemessenem Verhältnis zur Vertragsverletzung stehen[334]. In der Praxis sind derartige Maßnahmen aber nur wirksam, wenn sie von einem mächtigen Staat oder von mehreren Staaten gemeinsam ausgeübt werden, da sonst leicht ein Ausgleich möglich ist.

Diese zulässigen Maßnahmen, also Retorsion und Repressalie, haben repressiven Charakter, da sie den Vertragspartner zur Rückkehr zur Vertragseinhaltung zwingen sollen, sie bedeuten keine Kompensation und können daher neben die Wiedergutmachung treten[335]. Sie sind Selbsthilfemaßnahmen, die den anderen Staat zu vertragsgemäßem, das heißt völkerrechtskonformem, Verhalten veranlassen sollen[336]. Sie

---

[330] *Bissonnette*, La Satisfaction comme Mode de Réparation en Droit International, S. 162.

[331] *Kelsen*, Unrecht und Unrechtsfolge im Völkerrecht, S. 546/553.

[332] *Ago*, le Délit International, S. 526.

[333] Porter Konvention vom 18. 10. 1907 = 2. Haager Konvention von 1907 über die Begrenzung von Gewaltanwendung zur Eintreibung von Vertragsschulden; Art. 11 Satzung des Völkerbundes; Briand-Kellog-Pakt von 1928; Art. 2 der Satzung der Vereinten Nationen; *Strupp*, Das völkerrechtliche Delikt, S. 222; Verträge von Versailles, St. Germain, und Neuilly von 1919 und Trianon von 1920; *Mc Nair*, Law of Treaties, S. 578; *Levin*, Verantwortlichkeit der Staaten, S. 179.

[334] *Mc Nair*, Law of Treaties, S. 578.

[335] *Ago*, le Délit International, S. 525.

[336] *Lais*, Rechtsfolgen völkerrechtlicher Delikte, S. 142.

sind auch in kollektivem Rahmen von mehreren Staaten gemeinsam möglich[337].

2. Retorsion

Die schwächste Maßnahme in diesem Rahmen ist die Retorsion, die eigentlich nicht als echte Rechtsfolge angesehen werden kann, da es sich dabei lediglich um einen unfreundlichen aber nicht an und für sich rechtswidrigen Akt handelt, der ergriffen wird als Antwort auf ein ebenfalls unfreundliches aber nicht rechtswidriges Verhalten. Bei der Retorsion handelt es sich nicht um eine echte Zwangsmaßnahme[338].

Die Retorsion ist aber nicht nur zulässig bei unfreundlichem, rechtmäßigem Verhalten, sondern ist auch im Falle der rechtswidrigen Vertragsverletzung denkbar als geringste Form der Zwangsmaßnahme, als Warnung, bei der dem Vertragsverletzer noch kein ihm normalerweise zustehendes Recht eingeschränkt wird. Bei der Anwendung dieses legalen Druckes[339] läuft der vermeintliche Verletzte auch nicht Gefahr, selbst zur Rechenschaft gezogen zu werden für den Fall, daß tatsächlich keine Vertragsverletzung vorliegt, denn die Retorsion bedeutet nur einen Verstoß gegen die internationale Courtoisie und keine Rechtsverletzung[340]. Eine Retorsion ist als Rechtsfolge einer Vertragsverletzung unbegrenzt zulässig, da sie auch schon bei einem nur unfreundlichen Verhalten rechtmäßig wäre. Als Retorsionsmaßnahmen sind insbesondere Maßnahmen im Bereich des Handels und Zolls denkbar, soweit sie nicht durch internationale Bestimmungen untersagt sind, um dadurch wirtschaftlichen Druck auszuüben, und Maßnahmen gegenüber den ausländischen Staatsangehörigen, soweit sie nicht eine Verletzung des völkerrechtlichen Mindeststandards bedeuten[341].

3. Repressalie

Die Repressalie stellt ein an sich rechtswidriges Verhalten dar, das nach der Verletzung einer völkerrechtlichen Verpflichtung vom Geschädigten als Antwort vorgenommen wird, indem dieser gewisse ihm gegenüber dem Schädiger obliegende völkerrechtliche Verpflichtungen nicht erfüllt, um ihn damit zum Beispiel zur Vertragserfüllung zu zwingen[342]. Die Ausübung des Repressalienrechts in Form der Nicht-

---

337 *Levin,* Verantwortlichkeit der Staaten, S. 176/177.
338 *Mc Nair,* Law of Treaties, S. 576.
339 *Wengler,* Völkerrecht, Bd. I, S. 553.
340 *Hoijer,* La Responsabilité Internationale, S. 282.
341 *Partsch,* Retorsion, Strupp-Schlochauer, Wörterbuch, Bd. III, S. 110.
342 *Wengler,* Völkerrecht, Bd. I, S. 515.

durchführung vertraglicher Verpflichtungen bedeutet keine Vertragsverletzung, sondern ist als Rechtsfolge rechtmäßig[343]. Diese Völkerrechtsverletzung ist aber nur deshalb erlaubt, weil sie als Erwiderung einer anderen Völkerrechtsverletzung vorgenommen wird[344].

Als Beispielsfälle für Repressalien seien die Besetzung der Insel Sachalin durch Japan im Jahre 1920 als Antwort auf die Ermordung der japanischen Kolonie in Nikolajewsk durch bolschewistische Truppen genannt[345], und der britisch-sizilianische Schwefel-Fall, in dem England erst Repressalien durch Alarmierung der Flotte ausübte, bevor es zum Schiedskompromiß kam[346]; hier wurde als Repressalie also Zwang ausgeübt. Eine Repressalie ist auch in dem Boykott zu sehen, den China eröffnete, nachdem die sino-amerikanischen Verträge von 1868 und 1880 durch die USA im Jahre 1898 gebrochen worden waren durch Erlaß eines Einreiseverbots für alle Chinesen[347].

Jede Völkerrechtsverletzung löst das Repressalienrecht aus, wobei der vollzogenen Verletzung die unmittelbar bevorstehende gleichgesetzt wird[348]. Bevor die Repressalie als Beugezwang vorgenommen wird, muß aber der Rechtsbrecher gewarnt werden, dies gilt insbesondere für den Fall, daß er schuldlos gehandelt hat[349], denn er soll noch eine Chance erhalten, die Vertragsverletzung rückgängig zu machen, ehe ihn die Folgen der Repressalie treffen[350]. Dient die Repressalie allerdings der Abwehr einer bereits vorgenommenen Rechtsverletzung, so braucht keine Warnung zu erfolgen, weil dies zu einer Verzögerung der Gegenmaßnahmen führen würde.

Da die Repressalie ein rechtmäßiger Akt ist, kann der Erstschädiger wegen des dadurch erlittenen Schadens keinen Schadensersatz verlangen, und auch eine Gegenrepressalie würde ein neues völkerrechtliches Delikt bedeuten[351]. Dies gilt selbstverständlich aber nur in dem Fall, daß die Repressalie tatsächlich gerechtfertigt ist.

Die Repressalien sind sofort einzustellen, wenn der Rechtsverletzer die Folgen der Vertragsverletzung beseitigt und verspricht, in Zukunft die Bestimmungen des Vertrages einzuhalten[352]. Auf der anderen Seite

---

343 *Dahm*, Lehrbuch des Völkerrechts, Bd. III, S. 136.

344 *Kelsen*, Unrecht und Unrechtsfolge im Völkerrecht, S. 571; *Ago*, le Délit International, S. 536.

345 *Lais*, Rechtsfolgen völkerrechtlicher Delikte, S. 124.

346 *Whiteman*, Damages in International Law, Bd. II, S. 892.

347 *Whitton*, La Règle „pacta sunt servanda“, S. 228.

348 *Wengler*, Völkerrecht, Bd. I, S. 516.

349 *Wengler*, Völkerrecht, Bd. I, S. 493.

350 a. A. *Kelsen*, Unrecht und Unrechtsfolge im Völkerrecht, S. 573, dies ist aber abzulehnen, da der andere Staat sonst überrascht werden könnte.

351 *Wengler*, Völkerrecht, Bd. I, S. 520/521; *Kelsen*, Unrecht und Unrechtsfolge, S. 576.

352 *Wengler*, Völkerrecht, Bd. I, S. 554.

greift das Recht auf Ausübung einer Repressalie sofort wieder ein, wenn das Wiedergutmachungsversprechen nicht eingehalten wird[353].

Grundsätzlich gilt für die Repressalie, daß durch sie jede Völkerrechtsnorm verletzt werden darf, solange die Grundsätze der Humanität beachtet werden und das zugefügte Übel nicht unverhältnismäßig größer ist als die Rechtsverletzung[354].

In der Praxis können Repressalien durch Handlungen oder Unterlassungen vorgenommen werden[355]. Als Beispiele für mögliche Formen der Repressalie nennt Hoijer[356] die Sequestrierung von Gütern von Staatsangehörigen des Schädigers, die Sequestrierung von Gütern des Schädigerstaates selbst, Bruch oder Unterbrechung der Wirtschaftsbeziehungen (z. B. Einstellung von Öllieferungen), Ausweisung von Staatsangehörigen des Schädigers, Festnahme, Geiselnahme, Verweigerung der Vertragsausführung oder dessen Kündigung, Rücknahme von Begünstigungen, Embargo und die friedliche Blockade. Hoijer nennt auch die Bombardierung oder Besetzung des Staatsgebiets des Rechtsbrechers, diese Form der Repressalie muß aber als rechtswidrig abgelehnt werden, da sie gegen das allgemeine völkerrechtliche Gewaltverbot verstößt, nach dem Gewaltmaßnahmen nur als Notwehrhandlung gegen gewaltsame Angriffe zulässig sind.

Eine Repressalie in Form der Enteignung von im Inland belegenem Ausländervermögen unter Eingriff in das Schutzrecht des Heimatstaates ist insbesondere angebracht bei der Verweigerung von Schadensersatzleistungen oder zur Behebung von Schäden aus völkerrechtswidriger Kriegsauslösung[357].

Als Beispiel einer Repressalie in Form der Nichterfüllung von Vertragsverpflichtungen wegen der berechtigten Sorge, daß die andere Seite den Vertrag nicht erfüllen wird, sei die Nichtzurückführung von Eisenbahnwaggons bei einem Eisenbahnverkehrsabkommen genannt[358].

In der Praxis ist auch nicht ungewöhnlich, daß bei geringeren Vertragsverletzungen der verletzte Staat als Repressalie entsprechende Vertragsklauseln außer Kraft setzt, so zum Beispiel bei Konsularabkommen die Einschränkung der Bewegungsfreiheit der Konsuln, wenn der andere Staat dies auch getan hat[359]. Dies entspricht einer leichten Repressalie.

---

353 *Kelsen*, Unrecht und Unrechtsfolge, S. 553.

354 *Kelsen*, Unrecht und Unrechtsfolge, S. 573; *de Visscher*, La Responsabilité des Etats, S. 109; *Mc Nair*, Law of Treaties, S. 578; *Hoijer*, La Responsabilité Internationale, S. 284.

355 *Kelsen*, Unrecht und Unrechtsfolge, S. 574.

356 *Hoijer*, La Responsabilité Internationale, S. 285.

357 *Wengler*, Völkerrecht, Bd. I, S. 522.

358 *Wengler*, Völkerrecht, Bd. I, S. 525.

Wenn man die einzelnen Möglichkeiten der Ausübung von Repressalien betrachtet, so sieht man, daß sie sich zum Teil mit bereits in den vorhergehenden Kapiteln genannten Rechtsfolgen decken. So ist etwa die Drohung mit der Kündigung des Vertrages oder mit der Außerkraftsetzung von einzelnen Vertragsbestimmungen als Repressalie und auch als endgültige, die Vertragsbeziehungen abschließende Rechtsfolge denkbar. Der Unterschied zwischen beiden liegt darin, daß durch die Repressalie der Verletzer nur zur Vertragseinhaltung gezwungen werden soll, während der Rücktritt die Vertragsverhältnisse endgültig aufhebt.

Zum Abschluß sei noch einmal darauf hingewiesen, daß eine Repressalie nur dann wirksam sein kann, wenn sie für den Schädigerstaat eine empfindliche Beeinträchtigung bedeutet, das heißt, daß nur mächtige Staaten oder mehrere Staaten gemeinsam eine Repressalie als Antwort auf eine Vertragsverletzung wirksam einsetzen können.

4. Krieg

Zum Abschluß dieses Paragraphen soll noch auf den Krieg als Rechtsfolge einer Vertragsverletzung eingegangen werden. Wie bereits oben ausgeführt, bejaht Kelsen auch diese Maßnahme[360], während sich die weitaus herrschende Meinung in Anlehnung an das Völkerrechtliche Gewaltverbot gegen diese Ansicht ausspricht[361]. Sie bejaht den Krieg nur als Notwehrmaßnahme, wobei hier eine Bindung an das Kriegsrecht besteht, dessen Außerachtlassung als Repressalie unzulässig ist[362].

Kriegerische Maßnahmen stellen also völkerrechtlich grundsätzlich ein Delikt dar und sind nur dann gerechtfertigt, wenn sie in Erwiderung eines kriegerischen Angriffs vorgenommen werden.

5. Multilaterale Verträge

Bei multilateralen Verträgen bedeuten Retorsion und Repressalie eine besonders wirkungsvolle Rechtsfolge im Falle der Vertragsverletzung, da insbesondere diese als Kollektivmaßnahmen sich gegenüber dem einzelnen Vertragsverbrecher als besonders einschneidend erweisen.

---

359 *Mc Nair*, Law of Treaties, S. 573.

360 *Kelsen*, Unrecht und Unrechtsfolge im Völkerrecht, S. 505, S. 546/547/553. Wie *Kelsen* auch *Schoen*, Die völkerrechtliche Haftung der Staaten aus unerlaubten Handlungen, S. 141/142, der den Krieg aber als „ultima ratio" ansieht, die nur dann eingreifen soll, wenn alle anderen Mittel fehlschlagen.

361 *Strupp*, Das völkerrechtliche Delikt, S. 222; *Levin*, Verantwortlichkeit der Staaten, S. 179.

362 *Wengler*, Völkerrecht, Bd. I, S. 527.

§ 26 Gründe, die bestehende Rechtsfolgenansprüche undurchsetzbar machen

Nachdem bisher die einzelnen Rechtsfolgen dargestellt worden sind, soll nun noch auf die Frage eingegangen werden, ob und unter welchen Voraussetzungen die Staaten Ansprüche auf Wiedergutmachung und andere Rechtsfolgen, die einmal entstanden sind, wieder verlieren können, beziehungsweise, ob diese Ansprüche ihre Durchsetzbarkeit einbüßen können. Zu denken ist dabei an die Institute der Verwirkung, des Schweigens und der Verjährung.

1. Verwirkung, Schweigen, Verzicht

Durch Verwirkung kann ein Staat ihm eigentlich zustehende Ansprüche auf Rechtsfolgen verlieren, wenn er sich nach der Rechtsverletzung nicht in einem angemessenen Zeitraum äußert, also sie geltend macht (Schweigen), oder sich in widersprüchlicher Weise äußert, so daß der Schädiger keine Klarheit gewinnen kann. Außerdem verliert der Verletzte möglicherweise gegebene Ansprüche durch Verzicht, dieser kann konkludent oder ausdrücklich erklärt werden. Eine Verwirkung ergibt sich im Falle der Vertragsverletzung insbesondere dann, wenn der geschädigte Staat sich nicht auf die Vertragsverletzung beruft und weiterhin die vertraglichen Vereinbarungen ausführt. Eine Ausnahme gilt allerdings dann, wenn er auf die Abwicklung des Vertrages aus nationalen Gründen angewiesen ist; in diesem Fall kann aus der Vertragserfüllung nicht der Schluß gezogen werden, daß der Geschädigte auf etwaige Ansprüche verzichten will.

In der Wiener Vertragskonvention ist in Art. 45 ausdrücklich gesagt, in welchen Fällen das Recht auf Berufung auf eine der in der Konvention selbst genannten Rechtsfolgen bei Vertragsverletzung verloren gehen kann. Art. 45 WVK lautet: "A state may no longer invoke a ground for invalidating, terminating, withdrawing from or suspending the operation of a treaty under Articles 46 to 50 or Articles 60 and 62, after becoming aware of the facts: a) it shall have expressly agreed that the treaty is valid or remains in force or continues in operation, as the case may be; or b) it must by reason of its conduct be considered as having acquiesced in the validity of the treaty or in its maintenance in force or in operation, as the case may be."

Dieser für die in der Konvention aufgeführten Rechtsfolgen genannte Grundsatz muß auch für die übrigen oben genannten Rechtsfolgen gelten, da sie alle von demselben Delikt ausgehen und insoweit denselben Rechtsgrund haben. Bei der Frage der Verwirklichung von Ansprüchen ist auf das Verhalten des verletzten Staates abzustellen, also darauf, ob er schweigt, verzichtet oder sonst durch sein Verhalten nach außen zum Ausdruck bringt, daß er Ansprüche auf Rechtsfolgen erheben will oder nicht. Verhält sich der verletzte Staat in der einen oder anderen Richtung widersprüchlich oder zumindest unklar, so müssen sich berechtigte Zweifel zu seinen Lasten auswirken, da der Rechtsverletzer aus Gründen der Rechtssicherheit und des Vertrauensschutzes davon ausgehen können muß, daß ihm gegenüber eindeutig zum Ausdruck gebracht wird, was beabsichtigt ist.

Auch in der Literatur wird davon ausgegangen, daß Rechte, die aus der Tatsache der Vertragsverletzung erwachsen, verwirkt werden können[363]. So sagt Dahm, daß das Kündigungsrecht erlischt, wenn es nicht in angemessener Frist erklärt wird[364]. Ebenso kann auch dasRecht auf Zinsen verwirkt werden, wenn die Geltendmachung der Ansprüche, insbesondere im Wege der internationalen Schiedsgerichtsbarkeit, verzögert wird[365]. Dieser Meinung ist zuzustimmen, da es ein Gebot der Rechtssicherheit ist, daß dem Schädiger Klarheit darüber verschafft wird, welche Ansprüche gegen ihn geltend gemacht werden sollen.

2. Verjährung

Eine der Verwirkung ähnliche Institution ist die Verjährung. Sie besagt, daß in dem Fall, daß ein Anspruch nicht innerhalb einer bestimmten Frist geltend gemacht wird, dieser seine Durchsetzbarkeit verliert. Es ist allerdings sehr umstritten, ob dieses Rechtsinstitut auch im Völkerrecht Gültigkeit haben soll[366]. Lais lehnt dies unter Berufung auf die herrschende Meinung in der Literatur ab[367] mit der Begründung, es fehle im Völkerrecht an den notwendigen Normen, die die Voraussetzungen der Verjährung festlegten. Insbesondere beruft er sich auf mehrere Gerichtsentscheidungen, in denen auch nach längerer Zeit noch Ansprüche zuerkannt worden sind, so im „Lord-Nelson"-Fall, in dem eine Schadensersatzforderung aus dem Jahre 1812 erst am 1. 5. 1914 durch das Schiedsgericht endgültig zugesprochen worden war[368]. Ebenso ist auch im Fall „Roberts" ein Anspruch aus dem Jahre 1871 erst im Jahre 1903 zuerkannt worden, wobei die von Venezuela

---

[363] *Hoijer*, La Responsabilité Internationale des Etats, S. 259.

[364] *Dahm*, Lehrbuch des Völkerrechts, Bd. III, S. 138.

[365] *Salvioli*, La Responsabilité des Etats, S. 284.

[366] *Verdross*, Völkerrecht, S. 413.

[367] *Lais*, Rechtsfolgen völkerrechtlicher Delikte, S. 148/149.

[368] *Lais*, Rechtsfolgen völkerrechtlicher Delikte, S. 149; *Nielsen*, American and British Claims Arbitration, S. 432.

geltend gemachte Einrede der Verjährung abgewiesen wurde[369]. Unter Berufung auf eine entgegenstehende Völkerrechtspraxis und den Mangel an Normen über Dauer der Verjährungsfrist und guten Glauben lehnt Lais also die Geltung der Verjährung im Völkerrecht ab, erklärt aber gleichzeitig, daß in einer längeren Nichtgeltendmachung eines Anspruches ein Verzicht gesehen werden könne[370].

Verdross hingegen weist darauf hin, daß in der Praxis internationaler Gerichte Klagen auf Wiedergutmachung zurückgewiesen worden sind, wenn der Anspruch erst viele Jahre (20 - 30) nach Setzung des Unrechtstatbestandes erhoben oder nach der Geltendmachung nicht weiter verfolgt wurde[371]. Als Beispiele weist er auf den L. Brand-Fall, in dem Verjährung nach 26 Jahren angenommen worden war[372], und den Fall Sarropoulos contre Etat Bulgare hin[373]. Verdross spricht sich für eine Anwendung der Verjährung als Institut des Völkerrechts aus, da sie in den Rechtsordnungen aller Kulturstaaten enthalten sei und damit als allgemeiner Rechtsgrundsatz des Völkerrechts angesehen werden könne[374].

Es ist zwar in der Literatur und Rechtsprechung keine einheitliche Haltung festzustellen, zuzustimmen ist aber doch aus Gründen der Vernunft der zweiten Meinung, da keine Veranlassung ersichtlich ist, die Anwendung der Verjährung im Völkerrecht auszuschließen, da im nationalen Recht der Staaten die Verjährung allgemein anerkannt ist. Die Schwierigkeit der Feststellung der Verjährungsfrist, die daraus resultiert, daß es an einer Norm diesbezüglich fehlt, muß dadurch umgangen werden, daß es insoweit der jeweiligen Entscheidungsinstanz überlassen wird, festzustellen, ob die Frist eingehalten worden ist oder nicht[375], wobei davon auszugehen ist, daß die Frist im Verhältnis zum geltend gemachten Anspruch und den Umständen angemessen sein muß. Ein Rest von Unbehagen bleibt aber bei dieser Unsicherheit bestehen.

Ein Anspruch kann also dann nicht mehr geltend gemacht werden, wenn er verjährt ist, das heißt eine angemessene Frist verstrichen ist.

---

369 *Lais*, Rechtsfolgen völkerrechtlicher Delikte, S. 150; *Ralston*, Venezuelan Arbitrations of 1903, S. 577.

370 *Lais*, Rechtsfolgen völkerrechtlicher Delikte, S. 150.

371 *Verdross*, Völkerrecht, S. 413.

372 *Lapradelle/Politis*, Recueil des Arbitrages internationaux, Bd. II, S. 169.

373 *Verdross*, Völkerrecht, S. 414.

374 *Verdross*, Völkerrecht, S. 414.

375 *Verdross*, Völkerrecht, S. 414.

§ 27 Mitverschulden und Vorteilsausgleichung

Eine wesentliche Frage im Rahmen des Haftungsrechts, die wir oben bei der Behandlung des Verschuldens ausgeklammert haben, ist die nach der Auswirkung des Mitverschuldens des Geschädigten und nach der Vorteilsausgleichung.

1. Mitverschulden

Als Mitverschulden des Verletzten ist ein Verhalten anzusehen, das eine Deliktsbegehung ermöglicht oder begünstigt hat, beziehungsweise das zu einer Ausweitung des Schadens geführt hat, sei es durch das Unterlassen der Vornahme von Sicherheitsmaßnahmen, sei es durch das Unterlassen eines Hinweises an den Rechtsbrecher, daß ein derartiges Verhalten einen Schaden nach sich ziehen werde.

In der Rechtsprechung ist zu dieser Frage häufig Stellung genommen worden, und im allgemeinen ist die Berücksichtigung des Mitverschuldens bejaht worden. Im Wimbledon-Fall[376] ist der Ständige Internationale Gerichtshof auf die Frage eingegangen, inwieweit die Tatsache, daß die Wimbledon längere Zeit vor dem Nord-Ostsee-Kanal gelegen hat, ehe sie den Weg um Dänemark gewählt hat, als Mitverschulden betreffend den Schadensumfang angesehen werden kann. Das Mitverschulden wurde vom StIG in diesem konkreten Fall aber abgelehnt, da lediglich auf einem Recht beharrt wurde und nicht verlangt werden kann, daß sofort darauf verzichtet wird[377]. Wichtig ist in diesem Fall, daß das Gericht von der Geltung des Instituts des Mitverschuldens ausgegangen ist[378].

Im Costa-Rica-Packet-Fall[379] ist der Schiedsrichter Martens bei der Behandlung der Höhe des Ersatzes für entgangenen Gewinn ebenfalls auf die Frage der Berücksichtigung des mitwirkenden Verschuldens der Reederei des Schiffes eingegangen und hat dies mit der Begründung bejaht, der Schiffseigner habe keine Vorkehrungen für die Vertretung Kapitän Carpenters getroffen, und außerdem sei das Schiff nicht sofort nach der Entlassung des Kapitäns wieder ausgelaufen[380]. Daher hielt Martens eine Minderung des Ersatzes für entgangenen Gewinn für angemessen, da von Seiten des Geschädigten nicht alle mög-

---

376 PCIJ, Series A, No. 1, S. 15, Urteil vom 17. 8. 1923.

377 *Spiropoulos*, Haftung der Staaten für indirekten Schaden, S. 94.

378 *Lais*, Rechtsfolgen völkerrechtlicher Delikte, S. 93.

379 *Thomas*, Costa-Rica-Packet-Fall, Strupp-Schlochauer, Wörterbuch, Bd. I, S. 301.

380 *Lafontaine*, Paricrisie International, S. 509, Urteil vom 13. 2. 1897; *Verdross*, Lehrbuch des Völkerrechts, S. 402; *Lais*, Rechtsfolgen völkerrechtlicher Delikte, S. 65.

lichen Mittel ergriffen worden waren, um den Schaden möglichst gering zu halten.

Ebenso wurde das Mitverschulden auch im Fall Eisenbach Brothers & Co. von der deutsch-amerikanischen Schadenskommission (13. 5. 1925) erwähnt[381], wo es inbezug auf die Unterbrechung des Kausalzusammenhanges heißt: „Es ist nicht ausgeschlossen, daß der Kommission Fälle vorgelegt werden, in denen solcher Kausalzusammenhang durch mangelnde Sorgfalt des Geschädigten oder seiner Vertreter oder durch andere dazwischentretende Ursachen ... unterbrochen wird." Zum Schluß sei noch der „John-Cowper-Fall" erwähnt[382], in dem Mitverschulden des Klägers angenommen wurde, da er es nach dem Raub seiner Sklaven durch die englische Marine unterlassen hatte, sich in neun Jahren neue Sklaven zu beschaffen[383].

Aus allen Entscheidungen geht hervor, daß die Gerichte das Mitverschulden des Geschädigten als anspruchsbeschränkend ansehen.

Dieser Auffassung der Rechtsprechung hat sich die herrschende Meinung in der Literatur angeschlossen[384]. Allerdings kommt in der Rechtsprechung immer nur zum Ausdruck, daß Mitverschulden insoweit zu berücksichtigen ist, als der Verletzte den Schaden so gering wie möglich halten muß, also bezüglich des Schadensumfanges[385], während die Frage, ob ein Mitverschulden an dem Delikt selbst zu berücksichtigen ist, nicht erwähnt wird. Es ist also zu prüfen, ob auch das Mitverschulden an der Vertragsverletzung selbst zu berücksichtigen ist, sofern es überhaupt denkbar ist. Der Fall des Mitverschuldens an einer Vertragsverletzung ist konstruierbar, man denke nur an einen Waffenstillstands- oder Friedensvertrag, nach dessen Abschluß die eine Partei wieder beginnt, aufzurüsten und Truppen an der Grenze zum Vertragspartner zu konzentrieren. Wenn dieser nun zu einem Präventivschlag ausholt, um einem befürchteten Angriff zuvorzukommen, so wird man ihn nicht allein für diese Vertragsverletzung zur Verantwortung ziehen können, denn die andere Vertragspartei hat durch ihr Verhalten, auch wenn gar kein Angriff beabsichtigt war, doch die Vertragsverletzung provoziert und damit mitverursacht. Auch an der Vertragsverletzung

---

381 *Kiesselbach*, Probleme und Entscheidungen der Deutsch-Amerikanischen-Schadenskommission, S. 373; *Lais*, Rechtsfolgen völkerrechtlicher Delikte, S. 92.

382 *Lapradelle/Politis*, Recueil des Arbitrages Internationaux, Bd. I, S. 348.

383 *Spiropoulos*, Haftung der Staaten für indirekten Schaden, S. 93.

384 *Schüle*, Wiedergutmachung, Strupp-Schlochauer, Wörterbuch, Bd. III, S. 844; *Wengler*, Völkerrecht, Bd. I, S. 512; *Lais*, Rechtsfolgen völkerrechtlicher Delikte, S. 155; *Strupp*, Das völkerrechtliche Delikt, S. 212.

385 *Salvioli*, La Responsabilité des Etats, S. 266: „il existe un devoir à la charge de la partie lésée de diminuer les conséquences préjudiciables d'un acte illicite commis par une autre partie."

selbst ist also ein Mitverschulden möglich, und es ist kein Grund ersichtlich, der gegen dessen Berücksichtigung im Rahmen der Abwicklung der Ansprüche aus dieser Vertragsverletzung sprechen könnte.

Das Mitverschulden ist also bedeutsam sowohl bei der Vertragsverletzung selbst als auch bei der Verhinderung des Eintritts unnötig großen Schadens.

Oben haben wir uns für die Erfolgshaftung im Fall der Vertragsverletzung ausgesprochen, fraglich ist nun, ob überhaupt der Begriff des Mitverschuldens damit vereinbar ist. Bei der Erfolgshaftung ist zwar grundsätzlich in der Frage, ob gehaftet wird oder nicht, vom eingetretenen Erfolg auszugehen, dies schließt aber nicht aus, daß derjenige, der den Erfolg herbeigeführt hat, nicht doch nachweisen kann, daß ihn an der Verletzung keinerlei Verschulden trifft, sondern einen Dritten. Die Erfolgshaftung führt also zu einer Beweislastverteilung zu Lasten des Schädigers, wobei sehr strenge Anforderungen an ihn gestellt werden. In diesem Rahmen ist auch das Mitverschulden zu sehen. Es besagt lediglich, daß auch das Opfer am Eintritt des Erfolges durch nachlässiges oder sogar rechtswidriges Verhalten beteiligt war, und es erscheint nur billig, daß es dann auch die daraus resultierenden Konsequenzen zu tragen hat. Der Beweis des Mitverschuldens muß aber vom Schädiger geführt werden, denn er beruft sich darauf. In der Praxis dürfte diese Beweisführung oft recht schwer sein.

2. Vorteilsausgleichung

Auch die Vorteilsausgleichung ist eine Frage, die im Bereich der Art und des Umfanges der aus einer Rechtsverletzung resultierenden Rechtsfolgen, insbesondere des Schadensersatzes, auftritt. Es handelt sich hier um das Problem, ob und inwieweit irgendwelche Vorteile, die der Geschädigte aufgrund der Vertragsverletzung erlangt, bei der Bemessung der Rechtsfolgen berücksichtigt werden müssen. Als Beispiele seien genannt Versicherungssummen beziehungsweise Zuwendungen von anderen, dritten Staaten, mit denen der durch die Rechtsverletzung erlittene Verlust ausgeglichen werden soll. Außerdem zählen dazu Gewinne, die aufgrund der Vertragsverletzung gemacht werden, ohne daß Dritte die Zuwendung ohne Gegenleistung zur Verlustausgleichung vornehmen. Hier sei als Beispiel ein Vertrag mit dem Ziel der Lieferung von Rohstoffen genannt, der vom Käufer durch Nichtabnahme und Nichtzahlung verletzt wird. Wenn nun der Verkäufer den Rohstoff an einen Dritten veräußert mit geringerem Gewinn, so ist zu fragen, inwieweit dies bei der Berechnung der vom Vertragsbrecher zu leistenden Schadensersatzsumme zu berücksichtigen ist.

In der Literatur wird davon ausgegangen, daß eine Vorteilsausgleichung auch bei völkerrechtlichen Delikten vorzunehmen ist, wobei aber nicht weiter differenziert wird[386]. Dies wird im allgemeinen in Anlehnung an die Entscheidungen über das Mitverschulden damit begründet, daß die Vorteilsausgleichung Bestandteil des allgemein gültigen Rechtsdenkens[387] und damit allgemeiner Rechtsgrundsatz des Völkerrechts sei.

Diese Meinung in der Literatur kann aber nicht einfach hingenommen werden, vielmehr kann sich nicht in allen Fällen der vom Verletzten erlangte Vorteil zugunsten des Schädigers auswirken. In den Fällen, in denen sich der Vorteil allein aus der Tatsache der Verletzung ergibt, ohne daß Dritte an den Verletzten eine Leistung erbringen in Hinblick auf die Schädigung, wie dies im Beispiel des Rohstoffkaufvertrages der Fall ist, ist eine Berücksichtigung dieses Vorteils zu bejahen, denn es ist nicht ersichtlich, wieso der Verletzte aus der Schädigung noch einen zusätzlichen Gewinn ziehen soll. In diesen Fällen ist also eine Vorteilsausgleichung gerechtfertigt. Als weiteres Beispiel hierfür ist der Fall denkbar, daß ein Rohstofflieferant mit mehreren anderen Staaten Lieferverträge abgeschlossen hat, die in ihrem Gesamtvolumen über seine Förderkapazität hinausgehen. Wenn nun ein Staat die Lieferverträge durch Nichtabnahme verletzt, so wird dadurch dem Verkäufer ermöglicht, seine Verpflichtungen gegenüber den anderen Staaten zu erfüllen und nicht selbst zum Vertragsbrecher zu werden. Dieser Vorteil muß bei der Feststellung der Rechtsfolgen für die Vertragsverletzung berücksichtigt werden.

Ebenso sind im Rahmen der Vorteilsausgleichung auch solche Leistungen an den Geschädigten zu berücksichtigen, durch die der Schädiger von seinen Rechtsfolgeverpflichtungen teilweise oder ganz befreit werden soll.

In den Fällen, in denen dagegen Leistungen von Dritten oder von Versicherungen an den Geschädigten erbracht werden mit dem Ziel, ihm aus der durch die Vertragsverletzung entstandenen Lage zu helfen, erscheint eine Vorteilsausgleichung nicht angebracht, da dadurch der Zweck dieser Leistungen verfehlt würde, da sie zu einer Entlastung des Schädigers führen würden. In diesen Fällen hat der Schädiger vollen Ersatz für die Rechtsverletzung zu leisten, und der Ausgleich hat dann zwischen dem Verletzten und dessen Versicherung beziehungsweise dem Dritten zu erfolgen.

---

[386] *Schüle*, Wiedergutmachung, Strupp-Schlochauer, Wörterbuch, Bd. III, S. 844; *Verdross*, Völkerrecht, S. 403; *Spiropoulos*, Haftung der Staaten für indirekten Schaden, S. 93.

[387] *Lais*, Rechtsfolgen völkerrechtlicher Delikte, S. 94/155.

Grundsätzlich ist also das Institut der Vorteilsausgleichung für das Völkerrecht zu bejahen, allerdings ist dabei zu berücksichtigen, daß es sich dann nicht zugunsten des Schädigers auswirken kann, wenn der Vorteil sich allein aus der Tatsache ergibt, daß dem Verletzten geholfen werden, nicht aber, daß der Verletzer irgendwie entlastet werden sollte. Durch die Vorteilsausgleichung soll nämlich nicht erreicht werden, daß Schädiger oder Geschädigter aus der Rechtsverletzung unberechtigte Vorteile ziehen.

§ 28 Strafe als Rechtsfolge des Völkerrechts

Im folgenden soll auf die Frage eingegangen werden, ob auch im Völkerrecht die Strafe als Rechtsfolge ihren Platz hat, und wenn dies bejaht werden sollte, ob sie auch als Rechtsfolge der Vertragsverletzung denkbar ist. Zu prüfen ist also, ob die Strafe, die im innerstaatlichen Recht nur gegen Einzelmenschen ergehen kann, auch gegenüber dem Staat als Kollektiv möglich ist. Das Strafrecht im Völkerrecht darf dabei nicht mit dem internationalen Strafrecht verwechselt werden, das einen Teil des nationalen Strafrechts darstellt und die Sammlung von Kollisionsnormen umfaßt[388]. Hierunter fallen auch die sogenannten „delicta iuris gentium“ wie Sklaverei und Piraterie, die von nationalen Instanzen abgeurteilt werden[389]. Im völkerrechtlichen Strafrecht handelt es sich dagegen um die Bestrafung von Staaten in ihrer Gesamtheit.

Gegen Strafe im Völkerrecht spricht sich Lais aus mit Berufung auf die einhellige Literaturmeinung und die Rechtsüberzeugung der Staaten[390]. Er begründet seine Meinung damit, daß die Definition des Strafrechts dies ergebe, da die Strafe ein von der Rechtsordnung verhängtes Übel sei, das dem Deliquenten auferlegt werde, weil er das Recht gebrochen und den Tatbestand erfüllt habe, an den das Gesetz die Strafe als Rechtsfolge knüpft. Derartige Rechtsnormen existierten im Völkerrecht aber nicht, und außerdem fehle es an einer allgemein verbindlichen Entscheidungsinstanz mit übergeordneter Strafgewalt und mit eigenen Vollzugsmitteln und den notwendigen Vollstreckungsorganen[391]. Repressalie und Krieg sind keine Strafmaßnahmen sondern bedeuten entgegen Vattel[392] Maßnahmen der Selbsthilfe.

---

[388] *Lais*, Rechtsfolgen völkerrechtlicher Delikte, S. 139.

[389] *Amador*, State Responsibility, S. 481.

[390] *Lais*, Rechtsfolgen völkerrechtlicher Delikte, S. 143.

[391] *Lais*, Rechtsfolgen völkerrechtlicher Delikte, S. 140 - 142.

[392] *Vattel*, Le droit des gens, Bd. II, S. 52.

Die relative Souveränität spricht nicht gegen ein Völkerstrafrecht, da sie ja gerade die Unterworfenheit der Staaten unter das Völkerrecht beinhaltet[393].

Die internationalen Gerichte sind keine Strafgerichtshöfe, da ihnen dazu die Kompetenzen fehlen. Die Kriegsverbrecherprozesse (Nürnberg etc.) stellen keine Regel dar, und außerdem ist bei diesen zu beachten, daß sie sich gegen einzelne Personen richteten und nicht gegen Staaten als ganzes.

Genugtuungsleistungen in Form einer Geldbuße haben zwar bisweilen einen gewissen Strafcharakter[394], dieser beraubt sie aber nicht ihrer Genugtuungsfunktion, die im Vordergrund steht[395]. Es kann aber nicht übersehen werden, daß die Buße einer Strafe sehr nahe kommt, sie bedeutet aber keine Strafe, da sie nur den Unrechtstatbestand beseitigen, ihn wiedergutmachen, aber nicht darüber hinaus als Sühne wirken soll[396]. Durch die Buße soll nur das verletzte Ehrgefühl besänftigt, aber keine zusätzliche Sanktion verhängt werden, die über die Wiedergutmachung hinausgeht.

Die in der UN-Charta vorgesehenen kollektiven Sanktionen (Art. 39, 42, 51, 53, 107 UN-Charta) stellen ebenfalls keine Strafen dar, da sie nur die Rechtsverletzung beseitigen sollen aber nicht zusätzlich eine Vergeltungsfunktion haben. Ihnen fehlt die der Strafe eigene Eigenschaft der Wirkung über die Beseitigung der Deliktsfolgen hinaus.

Strupp begründet seine Ablehnung der Strafe im Völkerrecht damit, daß souveräne Staaten nicht einer fremden, übergeordneten Strafgewalt unterworfen werden könnten[397], dies kann aber nicht zutreffen, da dies auch für die übrigen Rechtsfolgen gelten müßte. Dieses Unterworfensein unter die Völkerrechtsinstanz ist gerade die Hauptaussage der herrschenden Lehre von der relativen Souveränität (s. o.). Er hält eine Bestrafung von Staaten aber in dem Augenblick für möglich, in dem eine Mehr- oder Vielheit von Staaten als Rechtssetzungsorgane sich damit einverstanden erklären, daß nicht nur von ihnen sonst als erlaubt angesehene Rechtsfolgen, sondern daß unter diesen auch solche, die die Merkmale einer Bestrafung aufweisen, gegen ein Deliktssubjekt von Verletzten rechtmäßig geltend gemacht werden können[398]. Eine solche Einigkeit der Staaten läßt sich aber bis heute nicht nachweisen.

---

393 *Lais*, Rechtsfolgen völkerrechtlicher Delikte, S. 144.

394 *O'Connell*, International Law, Bd. II, S. 1114; *Lais*, Rechtsfolgen völkerrechtlicher Delikte, S. 20/21; *Levin*, Verantwortlichkeit der Staaten, S. 162/63.

395 *Bissonnette*, La Satisfaction comme Mode de Réparation en Droit International, S. 162.

396 *Strupp*, Das völkerrechtliche Delikt, S. 218.

397 *Strupp*, Das völkerrechtliche Delikt, S. 217.

398 *Strupp*, Das völkerrechtliche Delikt, S. 217/218.

Wie bereits oben ausgeführt, spricht sich die Mehrheit in der Literatur gegen das Vorhandensein des Rechtsinstituts der Strafe im Völkerrecht aus. Von vielen wird diese Tatsache ohne weitere Darstellungen als gegeben angesehen[399], zumindest soweit es sich um den Staat als solchen handelt. Bestrafungen von einzelnen sind dagegen allgemein anerkannt und auch berechtigt, sind aber, wie bereits oben dargestellt, keine echten Völkerrechtsstrafen, da sie vom Staat ausgesprochen werden. Soweit Begründungen gegeben werden, konzentrieren sie sich auf die Tatsache, daß keine übergeordnete Strafinstanz besteht[400], und daß es praktisch nicht denkbar, durchführbar und zu rechtfertigen ist, einen Staat in seiner Gesamtheit zu strafen. Auch Bissonnette tritt gegen die Strafe als Institut des Völkerrechts ein und belegt diese Meinung mit Gerichtsurteilen[401], in denen die Strafe als Rechtsfolge abgelehnt wurde, so verweist er auf das Urteil in den Fällen Carthage und Manouba, in denen das Gericht einen Teil der erhobenen Schadensersatzforderung zurückgewiesen hatte, „parce que la sanction pécuniaire paraît être superflue et dépasser le but de la juridiction internationale". Ebenso ist auch im Fall Stevenson ein Teil des Schadensersatzes verweigert worden, weil er „wholly punitive" Charakter hatte[402]. Zum Teil wird eine Strafe auch mit der Begründung abgelehnt, den Schiedsgerichten sei im Schiedskompromiß nicht die Kompetenz zum Aussprechen einer Strafmaßnahme zugesprochen worden, so in der Entscheidung des deutsch-portugiesischen Schiedsgerichts vom 30. 6. 1930: „Or, il est évident qu'en confiant à un arbitre le soin de fixer le montant des réclamations ... les Hautes Parties contractantes n'ont pas entendu l'investir d'un pouvoir répressif[403]." Diese Argumentation kann aber nicht zu dem Schluß führen, daß grundsätzlich eine Bestrafung von Staaten völkerrechtlich möglich sei, vielmehr sind die Gerichte damit nur einer eindeutigen Aussage in dieser Frage ausgewichen.

Nach Garcia Amador ist in gewissen Fällen auch Bestrafung als Rechtsfolge des Völkerrechts möglich, die Beispielsfälle und seine Darstellung ergeben aber, daß er sich damit nur auf die Bestrafung von Einzelmenschen bezieht, wie dies mit den Kriegsverbrechern nach dem

---

399 *Wengler*, Völkerrecht, Bd. I, S. 552; *Eagleton*, Responsibility of States, S. 189; *Levin*, Verantwortlichkeit der Staaten, S. 49.

400 *Tunkin*, Das Völkerrecht der Gegenwart, S. 219/220; *Ago*, le Délit International, S. 525.

401 *Bissonnette*, La Satisfaction comme Mode de Réparation en Droit International, S. 150.

402 *Bissonnette*, La Satisfaction comme Mode de Réparation en Droit International, S. 150.

403 Recueil des Sentences Arbitrales des Nations Unies, Bd. II, S. 1077; *Bissonnette*, La Satisfaction comme Mode de Réparation en Droit International, S. 154/155.

2. Weltkrieg geschehen ist[404]. Auch die Verletzung von Menschenrechten und der Völkermordkonvention führen nur zur Bestrafung der einzelnen Verantwortlichen und nicht des Staates in seiner Gesamtheit. An späterer Stelle sagt er dann auch, daß Strafe für den gesamten Staat bedeuten würde, daß viele getroffen würden, die mit der Tat gar nichts zu tun haben, und daß daher die Kollektivstrafe abzulehnen sei[405].

Insgesamt ist also festzustellen, daß Strafe als Rechtsfolge des Völkerrechts abzulehnen ist, zumindest, soweit es sich um die Bestrafung eines deliktischen Staates in seiner Gesamtheit handelt. Die Strafe verlangt nach ihrer Definition Maßnahmen, die über die Beseitigung der Deliktsfolgen, das heißt der Wiedergutmachung, hinausgehen und den Zweck von Sühne und Vergeltung verfolgen, Maßnahmen dieser Art hat es gegen Staaten aber noch nicht gegeben, sondern nur gegen einzelne, so nach dem 2. Weltkrieg. Gegen die Kollektivstrafe spricht auch, daß sie zwangsläufig viele Unschuldige treffen muß, sie steht also im Widerspruch zum Begriff der Strafe. Im übrigen fehlt es auch im Völkerrecht an einer Instanz, die diese Strafen aussprechen und vollstrecken könnte.

Sollte man dennoch die Strafe als Deliktsfolge im Völkerrecht anerkennen, so ist es doch zweifelhaft, ob dies auch für die Vertragsverletzung gelten kann, zumindest, soweit es sich um Verträge handelt, die sich allein auf wirtschaftliche Fragen beziehen. Da die Vertragsverletzung an sich keinerlei kriminellen Gehalt hat, wäre bei ihr die Strafe als Rechtsfolge auf jeden Fall abzulehnen[406], denn es sollen nur kriminelle Handlungen unter Strafe gestellt werden. So sagt auch Amador: "The non-performance of a contract entered into by a State with an alien and, in general, a denial of justice, clearly constitute acts or ommissions which are merely wrongful, that is, contrary to international law but not involving criminal responsibility[407]." Die Strafe als Rechtsfolge der Vertragsverletzung hat im Völkerrecht also keinen Platz und ist grundsätzlich abzulehnen.

§ 29 Streitbeilegung und Durchsetzung von Ansprüchen

Nachdem bisher die Fragen der Vertragsverletzung und deren Rechtsfolgen erörtert worden sind, soll zum Abschluß auf die Frage eingegangen werden, welche Möglichkeiten das Völkerrecht für die

---

404 *Garcia Amador*, State Responsibility, S. 397.

405 *Garcia Amador*, State Responsibility, S. 480.

406 *Lais*, Rechtsfolgen völkerrechtlicher Delikte, S. 143.

407 *Garcia Amador*, State Responsibility, S. 398.

Beilegung von internationalen Streitigkeiten, die sich aus der Vertragsverletzung ergeben, vorsieht und mit welchen Mitteln vermeintliche oder bestehende Ansprüche durchgesetzt werden können. Die Darstellung soll sich nur auf einige wesentliche Punkte konzentrieren, da eine Vertiefung den Rahmen der Arbeit überschreiten würde.

Bevor ein Staat sich bemüht, nach einer Rechtsverletzung seine Ansprüche gegen einen anderen Staat auf internationaler Ebene durchzusetzen, ist er verpflichtet, den möglicherweise gegebenen nationalen Rechtsweg zu erschöpfen[408]. Die Begründung hierfür liegt darin, daß das nationale Recht klarer und präziser durchnormiert ist als das Völkerrecht, und daß in jenem außerdem bessere und wirksamere Mittel zur Durchsetzung der Ansprüche gegeben sind.

Der einfachste Weg, die Streitigkeit völkerrechtlich beizulegen, ist der der diplomatischen Verhandlungen zwischen den beiden Streitparteien[409]. In dieser Verhandlung kann eine Einigung in den strittigen Fragen erzielt und auch bestimmt werden, welche Rechtsfolgen sich aus der Vertragsverletzung ergeben sollen. Diese Möglichkeit der Streitbeilegung ist aber nur gangbar, wenn noch eine gewisse Übereinstimmung zwischen den Parteien besteht und sie zu einer Einigung bereit sind. Die Verhandlungen können auf verschiedenen Ebenen geführt werden, durch Diplomaten, Minister oder Regierungschefs selbst.

Eine weitere Möglichkeit der Streitbeilegung ist die durch Vermittlung dritter Staaten[410]. Die Einigung erfolgt hier auch in direkten Kontakten zwischen beiden Parteien, wobei diese nur durch den Vermittler angeknüpft und gefördert werden.

Eine wesentliche Rolle spielt in dieser Frage die internationale Gerichts- und Schiedsgerichtsbarkeit.

Als ständig amtierendes Gericht ist vor allem auf den Internationalen Gerichtshof in Den Haag hinzuweisen. Er ist als Nachfolger des Ständigen Internationalen Gerichtshofs des Völkerbundes von den Staaten der Vereinten Nationen ins Leben gerufen worden, ist mit Berufsrichtern besetzt und hat Entscheidungskompetenz über Auslegung von Verträgen, alle Fragen des internationalen Rechts, das Bestehen von Tatsachen, die, wenn sie bewiesen wären, die Verletzung einer internationalen Verpflichtung bedeuten würden und über die Art und den Umfang des wegen Verletzung einer internationalen Verpflichtung geschuldeten Schadensersatzes[411], womit wohl die gesamte

[408] „local remedies rule"; *Schüle,* Völkerrechtliches Delikt, Strupp-Schlochauer, Wörterbuch, Bd. I, S. 338.

[409] *Strupp,* Das völkerrechtliche Delikt, S. 222.

[410] *Hoijer,* La Responsabilité des Etats, S. 272.

[411] Art. 36 Abs. 2 Ziff. a, b, c, d IGH Statut.

Wiedergutmachung gemeint ist, denn im englischen Originaltext heißt es „reparation". Die Entscheidungskompetenz erstreckt sich also auch auf die Fragen der Vertragsverletzung. Zu beachten ist aber, daß der IGH nicht ohne weiteres für eine Streitigkeit zuständig ist beziehungsweise von jedem Staat gegen einen Dritten angerufen werden kann. Zwar sind alle UN-Mitgliedstaaten gleichzeitig Mitglieder des Statuts des Internationalen Gerichtshofs, und auch Nichtmitglieder können sich dessen Gerichtsbarkeit unterwerfen (Art. 35, Abs. 3 IGH Statut), aber auch die Mitgliedstaaten sind nicht automatisch dessen Gerichtsbarkeit unterworfen, sondern müssen erst die in Art. 36 Abs. 2 IGH Statut vorgesehene Erklärung zur Fakultativklausel abgegeben haben, ehe der Gerichtshof über sie entscheiden kann[412]. Es gibt einige Verträge, in denen die Annahme der Fakultativklausel vereinbart worden ist[413], dies ist aber nicht zwangsläufig der Fall. Insofern stellt der Internationale Gerichtshof keine völlig befriedigende Lösung dar, da auch bei ihm ein gewisser guter Wille der Staaten Voraussetzung ist, um zu einer den Streit beilegenden Entscheidung zu gelangen, es sei denn, die Staaten haben sich bereits im voraus für alle Streitigkeiten der Gerichtsbarkeit des IGH unterworfen. Eine besondere Rolle spielt der Europäische Gerichtshof der Europäischen Gemeinschaften, der volle Entscheidungskompetenz für Streitigkeiten hat, die aus den drei Gemeinschaften entstehen.

Ist die Zuständigkeit des Gerichts gegeben, so hat es dann die Kompetenz, darüber zu entscheiden, ob eine Vertragsverletzung vorliegt, und welche der möglichen Rechtsfolgen daraus resultieren sollen[414].

Aufgrund vertraglicher Vereinbarung, sei es im umstrittenen Vertrag selbst oder in einem anderen Vertrag, können die Streitparteien auch bestimmen, daß die Streitigkeit einem Schiedsrichter oder einem Schiedsrichterkollegium vorgelegt werden soll[415]. Diese Gerichte werden nur zur Entscheidung des jeweiligen Falles eingesetzt und lösen sich hinterher wieder auf. Dies gilt auch für den Ständigen Internationalen Schiedshof insofern, als er eigentlich nur aus einer Richterliste besteht, aus der dann im aktuellen Fall das Richterkollegium aus-

412 *Bernhardt*, Anglo-Iranian-Oil-Fall, Strupp-Schlochauer, Wörterbuch, Bd. I, S. 60; *Mc Nair*, Law of Treaties, S. 573 C.

413 So in Art. 66 der Wiener Vertragskonvention, in dem es heißt: "If ... no solution has been reached within a period of 12 months following the date on which the objection was raised, the following procedures shall be followed: a) any one of the parties to a dispute concerning the application or the interpretation of Article 53 or 64 may, by a written application, submit it to the International Court of Justice for a decision unless the parties by common consent agree to submit the dispute to arbitration."
Ago, Droit des Traités à la Lumière de la Convention de Vienne, S. 326.

414 *Mc Nair*, Law of Treaties, S. 574.

415 *Strupp*, Das völkerrechtliche Delikt, S. 222.

gewählt wird. Das Schiedsgericht entscheidet auf der Basis der ihm in den Schiedsverträgen (compromis) gegebenen Richtlinien, es hat also unter Umständen nicht den Entscheidungsrahmen des IGH oder des Europäischen Gerichtshofes. Insbesondere in der älteren Praxis sind Schiedsgerichtsentscheidungen recht häufig[416], sie setzen aber auch voraus, daß bei den Streitparteien guter Wille bezüglich der Streitbeilegung vorhanden ist, da sonst gar kein Schiedskompromiß zustande kommt, denn eine Verpflichtung zum Abschluß von Schiedsverträgen besteht nicht[417], die Zustimmung der anderen Partei ist dazu erforderlich[418]. Rechtsgrundlage für die Wiedergutmachungspflicht ist dann in erster Linie der Schiedsvertrag, in dessen Vollzug das Schiedsurteil ergeht. Wird der Schiedsvertrag verletzt, so gelten wiederum die Regeln betreffend die Rechtsfolgen bei Verletzung völkerrechtlicher Verträge[419].

Die streitentscheidenden Organe sind bei der Schadensbemessung frei, sofern nicht besondere Parteivereinbarungen bestehen, an die die Richter gebunden sind ebenso wie an die Parteianträge (ne ultra petita)[420].

Durch die Entscheidung des Gerichts ist die Wiedergutmachung selbst aber noch nicht durchgeführt, und es fehlt im Völkerrecht an dem erforderlichen Vollstreckungsorgan. Hier zeigt sich die Schwäche dieser Rechtsordnung, die zwar Regeln für alle Rechtsbereiche aufstellen kann, der es aber an der übergeordneten Instanz zur Durchsetzung der Ansprüche fehlt. Deren Abwicklung ist wieder vom guten Willen des Schuldners abhängig. Zwangsmittel in Form von Gewalt zur Durchsetzung sind entsprechend dem völkerrechtlichen Gewaltverbot nicht gestattet, so daß unter Umständen das Urteil für den Geschädigten keinerlei praktische Auswirkungen nach sich zieht.

§ 30 Sicherung der Vertragserfüllung

Es ist denkbar, daß die Vertragspartner vereinbaren, daß die Vertragserfüllung auf irgendeine Weise gesichert werden soll, beziehungsweise daß die eine Partei von der anderen gewisse Sicherungen ver-

---

416 *Seidl-Hohenveldern,* Junghans-Fall, Strupp-Schlochauer, Wörterbuch, Bd. II, S. 178.

417 *Kelsen,* Unrecht und Unrechtsfolge im Völkerrecht, S. 552.

418 *Mc Nair,* Law of Treaties, S. 573 C.

419 *Kelsen,* Unrecht und Unrechtsfolge im Völkerrecht, S. 553; *Mc Nair,* Law of Treaties, S. 574.

420 *Schüle,* Wiedergutmachung, Strupp-Schlochauer, Wörterbuch, Bd. III, S. 844.

langt. Die Wiener Vertragskonvention enthält diesbezüglich keine Regelung, und auch sonst ist nicht feststellbar, daß eine Verpflichtung der Staaten besteht, von vornherein Sicherungen zu leisten. Vielmehr sind sie nur im Einverständnis möglich[421].

In Verträgen kann eine Erfüllungskontrolle vorgesehen sein[422], die dann von den Vertragspartnern gemeinsam, von einer von ihnen eingesetzten Stelle oder einer internationalen Organisation durchgeführt wird[423]. Diese Kontrollorgane erstatten gegebenenfalls Bericht über Vertragsverletzungen und haben unter Umständen sogar die Befugnis, Sanktionen zu verhängen. Die Effektivität richtet sich nach dem Umfang der Kompetenzen dieses Organs und insbesondere auch nach dem Interesse, das die einzelnen Staaten an dem jeweiligen Vertrag haben.

Insbesondere bei bilateralen Verträgen ist die Gewährung von Sicherheiten oder Garantien möglich, durch die die Vertragseinhaltung gewährleistet werden soll. Dies gilt insbesondere für Friedensverträge, in denen als Sicherheit ein Besatzungsrecht eingeräumt werden kann. Andere Mittel sind die Verpfändung von Einnahmen, Zöllen und Steuern oder die Kontrolle der Finanzverwaltung[424]. Derartige Sicherheitsleistungen sind aber auch bei multilateralen Verträgen denkbar. All diese Maßnahmen sind nicht unbedingt Folgen einer Vertragsverletzung, denn sie sollen vor künftigen Rechtsverletzungen schützen[425], sie können allerdings gemeinsam mit Rechtsfolgen für eine Vertragsverletzung auftreten.

Lais unterscheidet bei den Garantien zwischen akzessorischen, die in Verträgen ausbedungen worden sind zur Sicherung von deren Erfüllung, und selbständigen, die zur Sicherung gegen zukünftige, weitere Übergriffe dienen[426]. Die selbständigen Garantien können den Charakter einer Rechtsfolge haben, da sie als Konsequenz eines Rechtsbruches ergehen und durch ihre sichernde Wirkung auch Genugtuungsfunktion haben. Ein Beispiel dafür bietet das nach dem Boxer-Aufstand von China den europäischen Mächten gemachte Zugeständnis, Truppen in Peking zum Schutz der Gesandtschaften unterhalten zu dürfen[427]. Insoweit kann also auch die Gewährung von Garantien als Rechtsfolge in Form der Genugtuung auftreten.

Dies gilt hingegen nicht für die akzessorische Garantie, da diese gewährt wird, bevor überhaupt eine Vertragsverletzung geschehen ist,

---

421 *Wengler*, Völkerrecht, Bd. I, S. 554.
422 *Dahm*, Lehrbuch des Völkerrechts, Bd. III, S. 121.
423 *Dahm*, Lehrbuch, Bd. III, S. 122.
424 *Dahm*, Lehrbuch, Bd. III, S. 122 mit Beispielen.
425 *Lais*, Rechtsfolgen völkerrechtlicher Delikte, S. 134.
426 *Lais*, Rechtsfolgen völkerrechtlicher Delikte, S. 136.
427 *Lais*, Rechtsfolgen völkerrechtlicher Delikte, S. 137.

um eine solche zu verhindern. Diese Garantie ist keine Rechtsfolge, sondern eine vorbeugende Vorsichtsmaßnahme.

Bei noch nicht geschehener aber drohend bevorstehender Vertragsverletzung sind auch Maßnahmen zur Sicherung der Vertragserfüllung in Form von Sanktionen denkbar. Durch diese repressiven Maßnahmen soll die andere Partei zur Vertragseinhaltung gezwungen werden, sie sind aber keine Deliktsfolge, da die Rechtsverletzung noch nicht geschehen ist. Als Beispiel sei noch einmal der Fall genannt, daß bei einem Eisenbahnverkehrsabkommen die Gefahr besteht, daß die andere Seite sich nicht an ihre Verpflichtung hält, Eisenbahnwagen zurückzuführen, und daher der gefährdete Staat selbst Waggons zurückhält[428].

Derartige nicht vertraglich vereinbarte Maßnahmen sind sehr bedenklich, da sie leicht ausufern können, insbesondere, da sich die Gefahr einer Vertragsverletzung sehr schwer nachweisen läßt. Insbesondere ist auch die Gefahr, daß derartige Maßnahmen als Druckmittel von starken gegenüber schwächeren Staaten verwendet werden, sehr groß. Diese Sanktionen können daher nur in Fällen angewendet werden, in denen die drohende Gefahr der Vertragsverletzung eindeutig ist, sei es aufgrund von Äußerungen seitens des Vertragspartners, sei es aufgrund anderer Indizien. Ansonsten sind Sicherungen gegen Vertragsverletzungen nur auf vertraglicher Basis möglich, es sei denn, es handelt sich um eine sogenannte selbständige Garantie, die in den Bereich der Rechtsfolgen der Vertragsverletzung gehört.

§ 31 Zusammenfassendes Ergebnis

Im folgenden sollen noch einmal die Ergebnisse betreffend die Rechtsfolgen der Vertragsverletzung zusammengestellt werden, auf die Zusammenfassung zum Vertragsrecht und die Vertragsverletzung oben (§ 13) sei dabei verwiesen.

Es ist als Ergebnis festzustellen, daß jede Verletzung eines völkerrechtlichen Vertrages Rechtsfolgen nach sich ziehen kann, soweit die verletzte Partei dies wünscht. In der Praxis erwachsen ihr aber leicht Schwierigkeiten dadurch, daß zur Geltendmachung und Durchsetzung von Ansprüchen immer der gute Wille der Gegenpartei erforderlich ist, da es keine übergeordnete Instanz gibt, der alle Staaten zwangsläufig unterworfen sind, und da es außerdem an einem Vollstreckungsorgan fehlt. Man muß also bei der Betrachtung der Deliktsfolgen, die an und für sich ein umfassendes und befriedigendes Ergebnis gewährleisten könnten, bedenken, daß sie zwar in der Theorie sehr brauch-

---

428 *Wengler*, Völkerrecht, Bd. I, S. 525.

bar erscheinen, in der Praxis aber doch ihre große Schwäche in der fehlenden Durchsetzungsmöglichkeit haben. Aus diesem Grunde bleibt die Darstellung des Deliktsrechts in gewissem Maße immer nur eine theoretische Erörterung mit der Hoffnung, daß sich die Staaten in der Mehrzahl freiwillig an die aufgestellten Regeln halten. Anstrebenswert ist natürlich als Ergänzung zur Wiener Vertragskonvention eine Konvention über die Rechtsfolgen bei Verletzung völkerrechtlicher Verträge, wobei man sich an die Ergebnisse dieser Arbeit anlehnen könnte. Praktisch wird es aber wohl nicht sehr bald zu einem derartigen Vertrag kommen, da in dieser Frage bei den Staaten keine Bereitschaft besteht, die Verpflichtungen schriftlich zu fixieren. Und auch selbst dann, wenn es zu einer solchen Konvention käme, wäre das Problem noch nicht endgültig gelöst, da damit noch keine Entscheidungs- und Vollstreckungsinstanz, der alle Staaten zwangsläufig unterworfen sind, geschaffen ist. Solange diese aber fehlt, hätte effektiv die Verletzung des Vertrages über die Rechtsfolgen keinerlei praktische Konsequenzen, insbesondere in den Fällen, in denen die Vertragsverletzung durch eine Großmacht oder mit ihrer Begünstigung begangen wird.

Da die Schaffung einer solchen Instanz nicht absehbar und zur Zeit auch nicht denkbar ist, bleibt nur das Vertrauen darauf, daß sich die Mehrzahl der Staaten moralisch verpflichtet fühlt, Verträge einzuhalten und sich bei einer Vertragsverletzung den völkerrechtlich dafür vorgesehenen Rechtsfolgen zu unterwerfen.

Bei der Frage der Festlegung der Rechtsfolgen einer Vertragsverletzung haben grundsätzlich die Rechtsfolgen Vorrang, die in dem Vertrag selbst für seine Verletzung vorgesehen sind. In multilateralen Verträgen ist dies oft der Entzug des Stimmrechts, die Verweigerung von vertraglich vorgesehenen Vergünstigungen oder der Ausschluß. Denkbar ist weiter, daß vertraglich Schadensersatzverpflichtungen vereinbart werden.

Einzige in der Wiener Vertragskonvention vorgesehene Rechtsfolgen sind Rücktritt, Kündigung und Suspendierung der Geltung des Vertrages. Sie geben dem durch die Vertragsverletzung betroffenen Staat die Möglichkeit, sich von den Vertragsverpflichtungen zu lösen. Dies ist ihm aber nicht unbedingt nützlich, da er ein großes Interesse an der Abwicklung des Vertrages haben kann. Für diesen Fall können nur andere Rechtsfolgen helfen.

Nach einer Vertragsverletzung wird angestrebt, die dadurch hervorgerufenen Schäden so weit wie möglich zu beseitigen, sie wiedergutzumachen. Im Rahmen der Wiedergutmachung, die wohl die wesentlichste und hauptsächlichste Rechtsfolge der Vertragsverletzung darstellt, hat die Naturalrestitution in der Theorie die größte Bedeutung und ihr ist grundsätzlich, sofern es praktisch möglich ist, der Vorzug vor den übrigen Wiedergutmachungsmitteln zu gewähren, da sie den umfassendsten Ausgleich schafft, indem durch sie der alte Zustand wiederhergestellt wird.

Praktisch häufiger ist aber der Schadensersatz als weitere Form der Wiedergutmachung, da oft eine Wiederherstellung des alten Zustandes nicht möglich oder nur unter unverhältnismäßig hohen Aufwendungen durchführbar wäre. Der Schadensersatz bedeutet Ausgleich der Schäden in Geld, wobei diese Leistung ausreichend und auch effektiv sein muß.

Der Umfang des Schadensersatzes erstreckt sich auf den Ersatz aller direkten und indirekten Schäden, also auch auf entgangenen Gewinn, sofern die Vertragsverletzung adäquat kausal für diesen Schaden war. Die Bestimmung der Werte erfolgt nach dem tatsächlichen Wert der Sache zum Zeitpunkt der Schädigung, bei der Festsetzung des entgangenen Gewinns sollen möglichst Vergleichs- oder Durchschnittswerte herangezogen werden, um die Wahrscheinlichkeit bei dieser hypothetischen Bestimmung möglichst hoch zu halten.

Auch immaterielle Schäden werden im Falle der Kausalität durch den Schadensersatz gedeckt, soweit sie irgendwie in Geld meßbar sind. Dies gilt insbesondere für Gesundheitsverletzungen und Schmerzensgeld.

Neben dem Schadensersatz werden dem Verletzten auch Zinsen für die Schadenssumme vom Tage der Vertragsverletzung an gewährt, und daneben sind auch Verzugszinsen zu zahlen, falls der Schuldner nach Fälligkeit trotz Mahnung nicht leistet.

Eine weitere Form der Wiedergutmachung ist die Genugtuung, die zum Ziel hat, das verletzte Ehrgefühl eines Staates oder andere verletzte immaterielle Werte auszugleichen. Die Genugtuung ist in vielen verschiedenen Formen denkbar und hat für Verletzer und Verletzten insofern Bedeutung, als dadurch das deliktische Verhalten offen eingestanden wird.

Als andere Rechtsfolgen der Vertragsverletzung kommen noch Retorsion und Repressalie, sofern darin keine Gewaltmaßnahmen enthalten sind, in Betracht, hingegen ist der Krieg als Rechtsfolge auszuschließen, da er einen Verstoß gegen das völkerrechtliche Gewaltverbot bedeutet.

Die Ansprüche auf Gewährung und Durchführung von Rechtsfolgen können durch Verwirkung, Verzicht oder Verjährung undurchsetzbar werden, so daß sie dem Gläubiger zwar noch zustehen, der Schuldner aber nicht mehr verpflichtet ist, ihnen nachzukommen.

Bei der Bestimmung der Rechtsfolgen und ihres Umfanges ist das Mitverschulden des Verletzten zu berücksichtigen und ebenso muß auch beachtet werden, ob der Verletzte aufgrund der Rechtsverletzung irgendwelche Vorteile erhalten hat, die bei der Festsetzung des Umfanges der Ersatzleistung zu berücksichtigen sind.

Eine Bestrafung des schuldigen Staates in seiner Gesamtheit ist von der Völkerrechtsordnung nicht vorgesehen, da Kollektivstrafen grundsätzlich aus Gründen der Gerechtigkeit abzulehnen sind, und außerdem im internationalen Bereich keine Instanz besteht, die Strafen aussprechen und vollstrecken könnte.

Kolibri 360 GmbH
Ferdinand-Jühlke-Straße 7
99095 Erfurt, Deutschland
produktsicherheit@kolibri360.de

Druck:
CPI Druckdienstleistungen GmbH
im Auftrag der
Kolibri 360 GmbH
Ferdinand-Jühlke-Str. 7
99095 Erfurt